우리
ART로 연결되다

#7가지감정 #비주얼저널 #미술치료 #감정표현워크북

우리
ART로 연결되다

성미애 · 윤윤정 · 이가나 · 조영진 · 최효경 · 황혜경 지음

좋은땅

우리가 바라는 것은 행복

뉴밀레니엄의 화두는 개인의 행복입니다. 모두가 행복하기를 원하지만, 눈앞에 닥친 어려움을 해결하기 위해 혹은 성공하기 위해 행복을 먼 훗날의 일로 미루고 현재를 온전히 살아가지 못하는 이들이 많습니다. 온전한 하루를 보내기 위해 우리는 스스로를 보살펴야 합니다. 그러기 위해선 시간을 들여 노력해야 합니다.

20세기 독일의 철학자이자 실존주의의 대표자로 꼽히는 하이데거(Martin Heidegger)는 존재가 드러나는 양식의 가장 핵심이 바로 감정이라고 했습니다. 행복을 누구보다 바라던 우리는 오늘을 온전히 잘 살아가기 위한 노력으로 현재의 나를 찾고자 감정 표현을 선택했고, 감정 표현의 도구로 미술치료를 선택했습니다.

미술치료의 과정에는 항상 내가 존재하고, 그 과정에서 나오는 작품은 곧 나 자신입니다. 미술치료에서 함께한 작품은 오래 간직하며 나를 돌볼 수 있는 애착 매개체가 되어 스스로에게 위로가 될 것이라 확신합니다.

우리가 학창 시절 배웠던 미술 기법, 기술에 대해선 잠시 잊어 두세요. 이 책을 만든 저자 대부분은 미술 비전공자들입니다. 어떤 매체를 선택하든 어떻게 표현하든 내 방식대로 하면 되고 그것이 내 감정을 표현하는 체험의 시작점이 될 것입니다.

미술로 시·공간을 함께했던 우리

이 책을 쓰게 된 발단은 저자들이 박사 과정 중 듣게 된 한 과목이 시작이었습니다. 함께 감정을 나누고 서로를 의지하며 4개월 동안 주 1회, 하루 3시간씩 15번이라는 짧은 기간 동안 너와 내가 하나가 되는 공감을 체화하고 난 뒤 뜨겁고 따스한 전율을 나누고 싶었습니다. 미술치료를 공부하지 않은 사람들과도 이 경험을 함께하고 싶은 마음이 모였습니다. 출판 경험이 없는 우리는 각자의 일정을 조정하여 매주, 혹은 매월 대면과 화상회의 플랫폼을 이용해 각자 개인 그림에 관한 이야기를 나누고, 함께 모여 집단 그림을 그리며 공감이라는 자원을 약 2년간 차곡차곡 쌓아 올렸습니다. 여섯 명이 하나의 마음으로 모였지만 각자의 생활 패턴이 다르다 보니 매번 조율이 필요했습니다. 그 조율 속의 우리는 서로 연결되어 감정 튜닝과 다채로운 빛깔과 향기를 뿜어내는 6명의 작은 우주였습니다.

정신치료의 대가 소암 이동식 선생님의 책 『도 정신치료』의 머리말에 "인생의 행복과 불행은 감정처리 여하에 달려 있다"라는 글이 있습니다. 우리나라 사람들은 '울면 안 돼.', '감정을 삭여라.', '참아야 이긴 거다.', '부러우면 지는 거다.', '고상하게 웃어라.'처럼 억압된 감정 표현이 익숙합니다. 약 10년 전부터 감정 표현의 중요성이 부각되었는데 어쩌면 소통의 중요성을 알았기 때문이 아닐까 생각합니다. 인간은 항상 관계를 이루며 살아가는 존재입니다. 그러기 위해 소통, 공감이 절대적으로 필요합니다. 한 인간이 세상을 살아가며 소외되지 않고 자기돌봄을 잘하는 단단한 사회인이 되는 데 도움이 되고자 하는 마음에서 이 책을 썼습니다.

우리가 다른 지역에 지하철을 타고 여행을 한다고 상상해 볼까요? 우리가 가고자 하는 목적지가 있으면 가장 먼저 하는 것이 현재 내가 어디에 서 있는지, 출발지가 어디인지부터 확인합니다. 그래야 목적지를 어떻게 갈 수 있을지 정할 수 있으니까요. 우리 스스로를 알아갈 때 내가 현재 어떤 감정 상태인지 아는 것이 필요합니다. 목적지를 찾아가다 방향을 잃어 헤매거나, 가는 길이 확신이 필요할 때 주변인들에게 물어보듯 나의 감정을 들어주고 공감해 주는 이가 있으면 목적지로 가는 길에 힘이 날 거라 확신합니다.

> "친구와 함께 있으면서 아무것도 하지 않는 건, 아무것도 하지 않는 게 결코 아니야. 그렇지?"
>
> 『소년과 두더지와 여우와 말』, 찰리 맥 커시 글, 그림 중

스스로 찾아가는 감정 내비게이션

이 책의 '1부'는 폴 에크먼 박사가 정의한 인간의 기본 일곱 가지 감정인 화부터 슬픔, 공포, 불안, 우울, 기쁨, 사랑 순으로 이루어져 있습니다. 각 감정마다 '1장'은 6명 저자들의 개인 작품과 함께 개인 이야기가 실려 있고, '2장'은 6명이 집단으로 모여 감정표현을 미술 작업한 것을 기록하였습니다.

친한 친구의 이야기를 듣듯 책을 따라가다 보면 감정 표현을 미술치료로 어떻게 하는지 알 수 있으며, 개인 작품에서 공감을 받은 후 집단 작업을 했을 때 어떤 그림을 그리고 어떤 이야기를 나눌 수 있는지 간접 경험을 해 보실 수 있습니다. 여러분도 본인의 경험에 비추어 어떤 감정이 느껴지고 나라면 감정 표현을 미술로 어떻게 하고 싶은지 고민해 보길 바랍니다.

'2부'는 '1부'를 참고하여 독자들이 감정 표현 미술치료를 스스로 해 볼 수 있도록 구성했습니다. 6명의 미술치료사가 제안한 방법을 각 감정마다 적용하고 따라가다 보면 다양한 방법으로 본인의 감정을 만날 수 있을 것입니다. 본인에게 유독 마음에 오래 머무르는 감정이 있다면 제시된 7가지의 방법 모두 해 보길 제안합니다. 아울러, 차후 예정하고 있는 오프라인 모임에 참여해 집단 미술치료를 통한 진정한 공감도 경험해 보길 바랍니다.

　이 책이 나오는 데 도움을 주신 여러분들에게 감사드리며 이 책의 출판을 쾌락해 주신 좋은땅 출판사와 편집장님, 뜻깊은 공부의 내비게이션이 되어 주신 영남대학교 미술치료학과 최외선 교수님, 김갑숙 교수님, 최선남 교수님께 감사의 인사를 전합니다. 서로에게 힘이 되어 준 공동 저자들과 그들의 가족들에게도 감사 인사를 전합니다.

　부디 이 책이 여러분들에게 그림을 그리며 감정 표현을 할 수 있도록 동기를 부여하고, 스스로에게 위로를 건네는 안내서가 될 수 있기를 바랍니다.

2023년 3월
따뜻한 봄날, 커피향 가득한 영남대 강의실 206호에서

등장인물(6개의 행성들[1])

꿈쟁이주비건 행성

현재 중학교 영어 교사로 학생들과 더불어 성장하는 사람이다.

영남대학교 일반대학원 미술치료학과 박사 과정 중이며 관심 분야는 꿈을 포함한 인간의 무의식 탐구이다. 재즈와 인디 음악을 좋아하고, 커피향이 가득한 공간 안에서 우쿨렐레를 연주하며 보내는 시간을 좋아한다.

안방마님 행성

행성 중 막내지만, 언니들과 함께하고 싶은 마음에 중심에서 안방을 든든히 자리 잡고 있다는 뜻으로 '안방마님'이라는 별칭을 붙였다. 영남대학교 일반대학원 미술치료학과 박사 과정을 공부하고 현재 미술

---

1)   각 행성에는 다른 생명체가 살듯 저자 6명 개개인의 독특성을 나타내고, 6명 모두를 지칭하는 별칭을 정하였다.

치료사, 색채 심리 전문가로 활동 중이다.

너구리보살 행성

어디서나 회장님의 역할을 도맡아 하는 즉흥적이고 활동적인 사람이다. 본 직업을 수영 선수로 착각할 만큼 운동을 좋아한다. 롯데월드 캐릭터인 너구리를 닮았다고 동료들이 정해 준 별칭이다. 캐릭터에 걸맞게 주변에 밝은 에너지를 내뿜는다.

영남대학교 일반대학원 미술치료학과 박사 과정을 수료했으며 현재 영남대 미술치료센터 연구원, 감정코칭, 회복탄력성 강사로 활동 중이다. 결혼과 양육을 하며 감정 표현이 얼마나 중요한지 느꼈기에 주변에 널리 알려 함께 행복한 길을 가고 싶어 한다.

별별요정 행성

'요정처럼 별의별 일을 해결해 준다.'며 동료들이 나에게 지어 주었다. '별(STAR)', '요정'이라는 단어 또한 마음에 든다. 나를 바라보는 그들의 마음과 별칭, '별별요정'이 참 소중하고 감사하다.

살면서 감정을 알아차리는 일이 얼마나 중요한지를 깨달았고 사람들과 나누고 싶다. 그 길을 미술치료, 감정코칭, 회복탄력성과 함께 가고 있다.

현재 영남대학교 일반대학원 미술치료학과 박사 과정을 수료했으며, 영남대 미술치료연구센터 연구원, 감정코칭 전문 강사, 회복탄력성 강사로 활동 중이다.

돌삐 행성

마음에 박힌 돌(상처)이 몸을 점점 굳게 한다고 착각하며 살아왔다. 미술치료를 만나기 전까지.

박힌 돌을 후벼 파 빼내려고만 했었는데, 인내의 결과라는 걸 알고 난 후 스스로 돌이라 별칭 했다. 발에 차여도, 흙이 묻어 더럽혀져도, 너무 흔해 관심을 받지 못해도, 제 모습을 유지하는 단단한 돌삐처럼 살아가길 소망하고 있다.

현재 영남대학교 일반대학교 미술치료학과 박사 과정 수료, 영남대 미술치료연구센터 연구원, 미술치료사로 활동 중이다.

소피아 행성

"Each of us has a star to follow. 우리 모두 각자 따라가야 할 별 이 있기 마련이지."

〈시네마 천국〉 대사 중

17년째 걷고 있는 미술치료사의 길이 내가 따라가야 할 별이라고 믿으며, 오늘도 이 길에서 반짝이는 별을 만나고 있는 중이다.

차례

1부
감정을 만나는 시간

2부
Self 감정 표현 미술치료

1부

감정을 만나는 시간

첫 번째 만나는 감정
'화'

1장

6개 행성 나와 너의 화 이야기

'꿈쟁이주비건'이 들려주는
화 그림 이야기

일곱 가지의 감정 중에서 처음으로 다룰 감정은 '화'이다. 예전 박사 1학기 고급집단미술치료 시간에 나는 '화'라는 감정을 〈그림 2〉와 같이 표현하여 과제로 제출하고 집단에서 함께 나눴었다. 〈그림 2〉의 감정은 '분노'이고, 내가 통제할 수 없는 사회적 사건들에 대한 내 안의 '화'를 표현한 것이다.

평소 나는 스스로 생각하기에 감정 조절이 어렵지 않은 편이다. 그런 내가 이성을 잃을 만큼 흥분한 일은 '세월호 사건', '동물 학대', '아동 학대'였다. 달려가 말릴 수도, 항의할 수도 없는 상황에서 내가 할 수 있는 거라곤 분노라는 감정의 표출밖에 없는 듯했다. 그 분노를 고립된 화산섬에서의 폭발로 표현해 보았고, 수채 물감으로 화선지에 그림을 그리는 동안 힘없이 얇디얇아 찢어지고 녹아 버릴 것 같은 그 화선지가 마치 불합리한 사회적 상황에서 무력함을 느끼는 나 자신 같았다. 이러했던 나의 '화'는 시간이 흐름에 따라 '짜증'이라는 모습으로 나타났다. 짜증이라는 불쾌한 마음 상태는 한 사람의 생각으로부터 생겨나는 격양이나 화를 말하며, 이 감정은 좌절 혹은 노여움, 슬픔으로 이어지기도 한다. 그리고 분노 또한 바로 연결되어 있다.[2]

　〈그림 1〉에 표현된 짜증이 내가 가장 자주 접하는 감정이다. 큰 화를 내지 않는 대신에 잦은 짜증이 나와 늘 함께해 왔고, 이 글을 쓰는 바로 직전의 순간에도 컴퓨터 작업에 어려움이 생기자 짜증이 찾아왔다. 짜증은 내게 있어 짧은 순간의 얼굴 온도 상승과 언어 사용에 있어 약간의 거침을 유발한다. 또한, 짧은 지속성을 특징으로 하며, 다른 감정으로의 신속한 전환이 가능하다.

〈그림 1〉 내 안의 짜증세포(2022)
종이에 오일파스텔. 39.4cm×54.5cm

---

2)　위키백과, https://ko.wikipedia.org/wiki/짜증

〈그림 2〉 그 섬의 폭발(2021)
한지에 수채. 39.4cm×54.5cm

어릴 때부터 성인이 된 지금까지 나는 늘 주변인들에게 밝고 긍정적이며 예의 바른 사람으로 여겨지고 있다. 나 스스로 사람에 대한 예의나 존중하는 마음을 소중히 생각하며 살다 보니 밖에서의 나는 부정적인 감정을 표출하는 일이 거의 없다. 그러다 보니 상황에 따라 조금씩 참아야 했던 화들이 편안하고 안전한 공간에서는 팝콘처럼 튀겨져 짜증으로 분출되어야만 했던 거 같다. 그러다 온도 조절에 실패한 짜증들은 불이 붙어서 좀 더 강한 감정인 '화'나 '분노'로 나오기도 한다. 그렇다. 나에게 '짜증'은 '팝콘'이다.

분필 같은 느낌의 일반 파스텔과는 달리 오일파스텔은 나에게 짜증이란 감정이 가진 약간은 불쾌할 수 있는 끈적임을 전달해 준다. 그리고 도화지 위에 묻은 오일파스텔을 휴지로 문지르며 번지게 할 때는 묘하게 나의 짜증이 종이로 옮겨 가는 기분이 들었다. 그 순간은 내가 그림으로 나의 짜증을 만난 것이었다. 색깔은 검정, 빨강, 보라, 주황, 파랑, 초록이 사용되었다. 이 색들은 여러 상황에서 다양한 정도의 짜증을 나타낸다. 여러 상황에서 다양한 수치의 짜증이 있고, 조절에 실패하게 되면 '탁' 하면서 터진다. 그림에서처럼 꼬임이 생겨나면 감정의 뒤틀림이 생기고 그 꼬임이 짜증이 된다. 나에게 흔한 감정이다. 다행히 심호흡이나 나만의 진정 장치(커피 마시기나 대화)로 정도를 낮추어 다소 안정이 된 상태를 초록, 파랑 혹은 매듭이 조금 풀려 가는 상태로 나타내 보았다. 하지만 그 순간을 놓쳐 폭발하게 되는 짜증은 불꽃으로 나타냈고, 그 상태가 현실에서는 짧고 강한 고함이나, 울음으로 표현된다. 그것이 내겐 짜증 스펙트럼의 극한 단계이긴 하지만, 그리 오래 지속되진 않는다. 오늘도 여전히 나의 '팝콘'은 튀고 있다.

우리가 '꿈쟁이주비건'과 나누었던 이야기

라면 면발처럼 꼬여 있는 그림과 색들이 마치 내 안에 꼬여있는 미해결된 과제들이 드러난 듯하여 불편함을 느끼기도 했다. 한 번씩 터지는 저 불꽃들이 속 시원한 감정을 불러일으키는 것은 왜일까를 생각해 보게 되었다.

꼬물꼬물 기어 다니다가 슬금슬금 내 신경을 깔짝깔짝 대며 슬쩍슬쩍 나를 건드려 보는 별거 아닌 일들이 나를 꼬이게 한다. 별거 아닌 일이기에 그냥 넘어가고 싶지만, 별거 아닌 그 일로 결국은 터져 버린다. 오히려 큰일에는 담담하다. 이 작품에 나타난 다양한 색들의 꼬임들과 폭발이 사소한 짜증과 짜증들이 모여 화를 내게 만드는 나를 담은 것처럼 느껴진다. 이 그림에 나의 이야기가 담겨 있다.

짧게 꼬인 선들이 흩어져 있는 모습은 귀엽게 느껴지기도 한다. 작은 감정들이 각자의 고유 영역을 지키며 주변 감정들과 어울리는 모습이다. 그런데 그중 몇몇 감정은 폭발해 버리고 말았다. 그 폭발이 화의 감정이 되지 않았을까? 그리고 '짜증을 팝콘'이라고 표현한 것이 그 '화'라는 감정을 에너지원으로 쓰고 있는 느낌이다. 생옥수수 알은 먹지 못하지만, 튀긴 팝콘은 먹고 좋은 기분을 낼 수 있으니 말이다.

말미잘과 같은 느낌이 든다. 그리 귀여운 느낌은 아니다. 소화산 혹은 활화산 같기도 하다.

내가 나에게…

오늘은 얼마나 많은 팝콘이 튀었을까? 너무 참으면서 살아갈 필요는 없지! 적당한 온도로 다양한 맛의 팝콘 먹으며 살아도 괜찮지 않을까?

하하하!

당신은 '꿈쟁이주비건'에게 해 주고 싶은 말이 있나요?

'안방마님'이 들려주는
화 그림 이야기

'내가 왜 이럴까?' 스스로에게 놀랄 때가 있다. 몇 년에 한 번 있을까 말까 하는 일이다. 화가 나도 표시를 내지 않는 편이라고 느끼는 편이지만, 머리끝까지 화가 치밀어 오를 때가 있다. 그럴 때는 머릿속이 하얗게 백지장이 되는데 모든 회로가 멈춰진 채로 화를 내게 만든 상대방을 향해 최대치로 상처를 줄 수 있는 말을 하고 싶다. '이 말을 내뱉어서는 안 돼!'라고 0.1초도 안 되는 찰나에 그 상대방을 배려하는 것처럼 생각하다가도 이내 뱉어서는 안 될 말을 하게 된다. 그 후에는 깊은 후회를 한다. 왜 그때 그런 말을 해서 그 사람을 아프게 했던 걸까. 말은 두고두고 마음속에 남아 있다고 생각하기 때문에 말로 그 사람을 아프게 하고 싶었던 것일까라는 생각이 든다.

그림을 그리면서 화라는 감정에 복합적인 것이 많이 들어 있다고 느껴졌다. 그림의 중심에 입술을 그려 넣었다. 입술 뒤에는 화가 났을 때 신체 반응을 표현했다. 앞서 말했듯, 상상할 수 없는 분노가 일어날 때면 주체할 수 없는 말을 내뱉을 나를 알고 있기에 화가 나면 입을 꾹 다

물게 된다. 하려던 말을 삼키게 된다. 삼킨 말들과 화가 나게 됐던 상황들은 마음을 뾰족한 것들로 찌르게 된다.

이렇게 말을 삼키게 된 것은 어릴 적 기억으로 되돌아간다. 지금은 충분히 이해되면서도 한편으로는 먹먹한, 초등학생 무렵이었던 것으로 추측이 된다. 누구보다 딸이 잘되기를 바라는 마음이었겠지만, 엄마는 "＊＊이는 수학을 100점 받는다, ○○이는 뭘 잘한다더라."라는 비교의 말을 하셨다. 스스로는 충분히 잘하고 있다는 생각이 들다가도 비교당하는 말을 들으면 분노와 짜증이 치밀어 올랐다.

분노(2022)
수채화 용지에 수채 및 연필. 27.5cm×36cm

하지만 그때도 그랬던 것 같다. 화를 내도 의미가 없다는 생각이 들었다, 성인이 되어서는 직업, 결혼 등등, 사회적으로 소위 잘나가는 친구들과 비교하는 말을 들을 때 마다 분노는 더욱 커져만 갔다. 초등학생부터 성인이 되어서도 엄마와의 대화의 끝에는 늘 누군가와 나를 비교하는 말로 매듭지어졌다. 말을 해도 소용이 없고, 그럼 나도 다른 부모랑 비교하는 말을 하면 엄마는 너무 속상하겠지, 나는 비교 대상을 넘을 수 없음을 알고 체념한다. 하지만 나를 인정하지 못하는 부모의 비난은 화가 나게 만들고 마음속을, 마음속이 아니라 입술 저 너머의 심장과 신체 장기들, 혈관에 흐르는 피가 솟구치고 찔리는 듯이 아프고 아리게 했다.

입술을 보고 있자니 나도 답답하다. 그림 속의 입은 일직선으로 굳게 다물어져 있다. 그건 아프고 괴로운 마음을 들키고 싶지 않았던 마지막 자존심 같다는 생각이 든다.

우리가 '안방마님'과 나누었던 이야기

"그림이 투사가 되는 부분이 많다는 생각을 하게 되었다. 누군가에게 나의 언행으로 누군가에게 상처가 준 일이 떠올랐다.. 붉은 곳을 그대로 두면 곪아서 병이 들 거 같아서, 말을 하지 않으면 속병이 날 거 같아서 걱정된다. 입을 열고 분출해 보았으면 좋겠다."

"저 다문 입을 열어서 길게 토해 내듯이 숨을 쉬면 좋지 않을까? 숨을 좀 쉰다면 다문 입 뒤에 숨구멍이 트이지 않을까?"

"그림을 뒤집어 보면 어떨까? 뒤집어진 그림에서 붉은색이 분노가 가라앉은 것이 아니라 올라간 것 같은 생각. 저 붉은색이 내려와서 검정과 색이 섞이면 어떨까?"

"이성적으로 화를 처리하려고 하는 것이 느껴졌다. 화를 낼 때 입을 다문 것이 냉랭하고, 드라이아이스 같은 정리 정돈 된 화라서 답답하게 느껴졌다."

내가 나에게…

화를 낼 때도 완벽하게 화를 내고 싶은 나의 욕구가 있음을 알게 되었다. 솔직한 모습이 필요하다.

당신은 '안방마님'에게 해 주고 싶은 말이 있나요?

'너구리보살'이 들려주는
화 그림 이야기

'인간이라면… 사람이라면… 어른…, 엄마…, 딸…, 며느리라면 그 역할에 맞는 사람 구실을 하며 살아가야 한다.'라는 틀이 내 머리 속에 자리 잡고 있다. 통제하고 싶다고 강한 욕구를 보이는 이유는 누구보다 무엇인가를 잘하고 싶어서일까?

화라는 단어는 나에게 답답함으로 다가온다. 세상을 내가 만들어 놓은 틀대로 움직였으면 좋겠다. 내가 정해 놓은 통제 구역 안으로 들어오지 않거나 내 의지대로 되지 않으면 화가 난다.

유년 시절 억울한 일이 있으면 화가 났다. 내가 무엇인가를 열심히 했는데 그것을 무용지물로 만들어 버릴 때 폭발하며 분노했다. 하지만 그것을 표현하지 못했고, 화가 났지만 아무도 그 사건에 대해 알지 못한 채 아무 일도 없었던 것처럼 모른 척을 하며 혼자 조용히 마음에 묻었다. 엄마는 "우리 집은 화가 나면 오히려 조용해."라는 말을 자주 하셨다. 그 말이 나에겐 화가 났을 땐 그렇게 조용히 해결해야 한다고 가르쳐 준 듯하다. 지금 생각해도 엄마는 그것이 멋지게 해결해 나가는 방법이라고 뿌듯해하신 것 같다. 그래서 나는 미성숙한 사람이 화를 낸다고 알고 있었다. 그 후로 힘든 일이 있어도 표현하기보다는 함묵하며 스스로 해결했다. 그렇게 서서히 나는 화가 나면 차갑게 변해 갔다. 화가 내 마음의 감정들을 다 먹어 버렸는지 빈 병처럼 공허한 마음을 주변 사람들의 인정과 칭찬의 달콤한 말로 채워 넣었다. 그렇게 서서히 다른 사람과 비교하는 삶을 살게 되었다. 인정이 없으면 불안했다.

사회인이 된 후 주어진 역할에서 처음부터 마무리까지 모든 것을 스스로 해결하지 못하고 주변에 도움을 요청하는 이들을 보면 퉁퉁거리며 화가 난 어투로 대하고 있었다.

포시럽게 자랐다고 비난하며 질타했다. 그들은 건강하게 도움을 요청하고, 서로 관계하는 것이었을 텐데 말이다. 나는 '힘든 일이 있어도 나 스스로 살아가야 한다.'를 여전히 붙잡고 있다. 스스로 일을 해결한 후 주변에서 인정의 말을 들으면 바람에 휘날리는 커튼이 창문을 닫자 잠잠해지듯 평온해졌다.

틀(2022)

수채화 용지에 아크릴. 25.5cm×35.8cm

나에게 화는 저 큰 벽처럼 단절시키는 감정이다. 화가 나면 과거에
그랬듯 말을 하지 않고, 오롯이 내 신체로 감내한다. 손이 떨리고 위에
통증을 느끼고, 배가 아프고, 허리 통증이 심해진다. 잠도 설치고, 얼굴
에 열감도 느낀다. 표현되는 방법은 진화를 거쳐 말은 하지 않아도 부
정적 감정을 주변 사람들이 알아차릴 수 있도록 싸늘한 아우라를 내뿜
게 되었다. 진화를 거쳤지만 여전히 내가 더 다치고 더 아프다.

무거운 돌덩이가 내 마음에 있는 것처럼 최대한 시커먼 색으로 여러
번 칠을 올렸다. 수채화 물감이 물의 양이 적어 반질반질해질 때까지

여러 번 칠을 하고 있는 나를 발견한다. 마치 내가 화를 내 몸으로 삭이는 것처럼…. 나 자신이 수동적이고 싶은 마음이 든다. 그림 속 작은 사람은 '화'라는 단단한 돌 앞에 무릎을 꿇고 저 큰 벽을 어떻게 넘어설 것인지 무기력하게 마냥 올려다보기만 할 뿐이다. 큰 벽을 돌아가도 될 터인데…. 매우 수동적인 태도로 나의 어려움을 주변에서 해결해 주기를 기다리고 있다. 그렇게 사랑받고 싶은 욕구를 어린 투정으로 표현하고 있다. 왜 사랑해 달라고 말하지 못하고, 화를 혼자 감내하며 대단한 사람인 양 자랑하고 싶어 하는 상처받은 내가 저기 있다.

저 벽을 지나면 맑은 하늘이 날 기다리고 있음을 잘 알지만 스스로 일어서기가 싫다.

누군가 나를 구해 줬으면 하는 어린아이가 내 속에서 투정부리며 화를 내고 있다. 나는 사실 투정 부리며 누군가의 손에 이끌려 가고 싶다. 도움을 당당히 요청하고 싶다. 내가 비난한 그들처럼….

'난 사랑받고 싶다.'

우리가 '너구리보살'과 나누었던 이야기

"〈트루먼 쇼〉 세트장처럼 보인다."

나는 이 감정 세트장에서 짐 캐리처럼 진짜 탈출할 수 있을까?

"사람만 크면 되겠네."

'안 크고 싶은데'라는 생각과 함께 반항이 올라온다.

"조금만 걸으면 저기를 돌아서 푸른 하늘이 있는 세상으로 갈 수 있는데?"

'난 안 돌아가겠다고! 누구에게 안겨 간다면 가 볼게….' 이렇게 투정이 올라온다.

"안이 텅 빈 것처럼 단단하지 않을 수도 있겠다."

어? 그렇네? 안이 마치 텅 빈 것 같네?

"오아시스 같다."

오아시스는 꽃꽂이에 이용된 잘린 꽃들에게 수분을 보충해주는 역할을 한다. 보살핌의 개념으로 볼 수 있을 것 같다. 화뿐만 아니라 나의 감정 표현을 할 수 있도록 누군가가 보살펴 주었으면 좋겠다는 마음을 가지고 있었는지도 모르겠다. 그래서인지 오아시스라는 말을 듣자 날 예쁘게 잘 설명해 준 것 같아 미소가 올라온다.

내가 나에게…

넌 누구에게 사랑받고 싶었니? 가장 신뢰하는 사람은 누구니? 그 사람에게 네가 화나는 것을 연습해 보면 어떨까? 화가 났는데, 외롭다는 감정이 올라온다. 언제부터였니?

당신은 '너구리보살'에게 해 주고 싶은 말이 있나요?

'별별요정'이 들려주는 화 그림 이야기

작은 화는 내 몸을 붉게 물들인다.
큰 화는 내 몸을 푸르게 물들인다.

작은 화는 내 머릿속을 뒤죽박죽으로 섞고 헤집어 놓아 복잡하게 만든다.

큰 화는 차분하고, 냉정한 생각을 하게 만든다.

작은 화는 시뻘건 흥분 속으로 빠져들게 한다.
큰 화는 내 감정을 차게 식히고 마음을 가라앉힌다.

나에게 작은 화는 무엇이고 큰 화는 무엇인가?

작은 화는 사소하게 짜증나는 일이고, 큰 화는 강력한 분노 폭발이다.

작은 화는 지나고 나면 별 거 아닌 소소한 일이다. 그렇지만 나는 불쾌하고 열이 받는다.

'깜빡이 없이 내 삶에 들어와 본인의 일을 내 일인 양 시키는 너! 나를 언제 봤다고 너는 나를 네 아랫사람 다루듯이 말을 내뱉는지. 내가 뭘 얼마나 잘못했길래 쥐 잡듯이 나를 잡아 저 땅속 어딘가까지 끌어당길 말을 서슴없이 하는가. 너는 그러면서 남이 너에게 그러면 화내더라. 네가 대접받는 건 당연하고 남을 배려하고 존중하는 건 왜 남의 일인건가.'

그런 너를 만나면 나는 당혹스럽고, 짜증이 나고, 불쾌하고, 화가 난다. 너와 같은 인간이 되고 싶지 않은데, 점점 나도 너처럼 점점 쪼잔해지고 별 볼 일 없는 사람이 된다. 끝을 알 수 없는 깊은 곳에서 시뻘건 용암이 이글이글 뿜어져 나오듯 나를 뻘겋게 달아오르게 한다. 나는 뾰족뾰족 가시가 된다. 내 안에 묻어 둔 공격성을 최고조로 발휘한다. 그럴 때면 나는 나를 이렇게 볼품없이 흥분하게 만드는 너와 멀어지고 싶고, 변한 나와도 멀어지고 싶다.

세상의 큰일에는 오히려 담담하다. 강력한 분노를 일으키는 일 앞에서는 고요해진다. 나의 고요한 분노는 파랑과 검정이다.

나의 분노를 부르는 너에게 묻고 싶다.

"어떻게 아이들에게 인간 이하의 짓을 할 수 있는가. 네 자녀와 손자들이 살 미래는 없는 냥 자연이 썩어 문드러지는데도 돈만 벌고 싶은가. 돈만 벌면 사람이건 자연이건 사물이건 아무것도 중요하지 않는가. 그렇게 곪아 가고 있다는 걸 알면서도 모른 척 외면하고 싶은 건가 아예 모르는 건가."

나의 분노는 사회로 향해 있는 거 같다.

우주에 먼지 같은 나부터 노력하고자 한다. 화만 낸다고 세상이 변하진 않으니 분노는 접어 두고 행동하는 내가 되어 보려 한다.

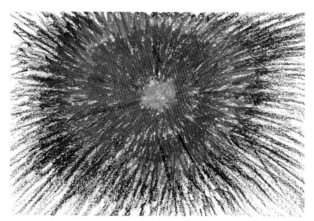

〈그림 1〉 출렁대는 용암(2022)
드로잉북에 오일파스텔. 21cm×29.7cm

〈그림 2〉 가시인간(2022)
드로잉북에 오일파스텔. 21cm×29.7cm

〈그림 3〉 냉정(2022)
드로잉북에 오일파스텔. 21cm×29.7cm

우리가 '별별요정'과 나누었던 이야기

"붉은색보다 더 강렬하게 느껴지는 파란색이다."

화가 나면 날수록 냉정해지고 차갑게 나를 식힌다. 어쩌면 파란색은 내 화라는 단어로는 부족한 분노의 최고점일거 같다. 그림을 보고 그걸 느끼는 우리가 참 신기하다.

"눈에서 레이저가 쏘아진다. 눈빛에 타 죽을 거 같다. 눈으로 살인을 한다."

화가 나면 눈빛이 달라진다. 못되지는 나의 눈이 있다.

"나를 질책하는 눈, 내 욕심과 고집을 주체하지 못하고 화가 나 있는 나의 눈, 잘하고 싶은데 잘하지 못함에 오는 스스로를 향한 분노."

밖으로 향하는 눈빛에서 내 안으로 들어오는 화를 본다. 나에게 화내는 일은 그만하자.

파란색이 분노와 최고조의 화남이 아니라 화를 식혀 주는 얼음이었
을까? 화를 빨리 없애고자 노력하는 '나'가 있는 건 아닐까?

당신은 '별별요정'에게 해 주고 싶은 말이 있나요?

'돌삐'가 들려주는 화 그림 이야기

가장 많이 경험한 감정이자, 가장 후회하는 감정이자, 답답한 감정이다. '화'를 내고 나면 후련하고 좋았던 기억보다는 처참하게 망가진 후 수습할 일만 산 넘어 산처럼 남은 기억이 많다.

나의 '화남' 유발인자 1위는 믿고 있던 지인의 배신감이다. 믿고, 의지하던 가까운 지인들에게 내가 원하지도 않은 값싼 품평회(흔히 뒷담화)를 받고, 나를 우습고 가벼이 여기는 언행에서 억울함과 속상함이 번갈아 휘몰아치고, 이성을 잃은 감정이 물불을 안 가리고 싸움을 청하곤 했다. 모두가 패잔병이 되는 진흙탕 싸움이 된 것이다.

진정 믿었고, 매우 가까웠다고 생각한 사람과 10년간 감정싸움을 했었다. 감정싸움은 나의 다른 삶마저 불평과 불안으로 가득 채웠고, 그 시기는 내 인생의 가장 힘든 암흑기가 되었다.

지금도 너무 생생한 '화남' 기억은 나를 그 시점으로 데려간다. 이내 눈을 치켜뜨고, 입술이 씰룩거리고, 욕이 저절로 나온다. 그러나 이상하게도 기억은 중구난방이다. 감정만 남고 기억은 혼란 상태이다. 이성이 아닌 감정으로만 엉켜 버린 기억은 새 불씨가 되어 곁에 있는 엉뚱한 사람들에게 튄다. 가장 소중하고, 가장 약한 사람에게로. 내 가족에게.

'화남' 감정을 풀어낼 안전 가옥이 필요했다. 고밀도 점토를 손으로 주무르며 몸의 힘을 빼고, 손가락이 저리도록 고밀도 점토가 부드러워지는 것에만 집중했다. 고밀도 점토가 내게 안전 가옥이자 감정 쓰레기통이 되어 주었다.

고밀도 점토로 〈천리마〉를 만드는 내내 말로 상처 준 이들이 떠올랐다. 그 사람들의 입이 떠올랐다. 나를 난도질했던 수많은 입이 떠올랐다. 입을 하나씩 하나씩 추가할 때마다 기이해지는 인형이 우스꽝스럽기도 하고, 안돼 보이기도 했다. 내가 뱉은 말들이 돌고 돌아 두고두고 누군가에게 상처를 줄 수 있다는 사실을 알고 있을까? 여전히 화나지만, 한편으론 〈천리마〉가 불쌍해 보인다. 입에 벌레가 여러 마리 붙어 있는 것 같다. 징그럽다. 흉측스럽다. 괴물이다.

〈그림 1〉 천리마(2022)
고밀도 점토. 9cm×6cm×5cm

〈그림 2〉 나(2022)
4절 도화지, 수채화물감, 휴지. 39.3cm×54.5cm

〈그림 3〉 멀리서 보면 다 아름답다(2022)
A4 용지, 파스텔. 21cm×29.6cm

〈천리마〉 작품으로 격양된 감정을 풀 방법이 필요했다. 뭐라도 던지고 싶었다. 그런 내게 미술은 좋은 수를 제안했다. 도화지를 화장실 벽에 붙여 놓고, 물감 휴지를 마구 던지며 분풀이를 한다. 속이 후련해질 때쯤 화의 주체는 나임을 알게 된다. 화는 내가 살아 있음을 증명하는 에너지이자, 나의 원초적 본성을 일깨워 주는 감정이다. 늘 소극적인 내가 사실은 이렇게 폭발적인 에너지를 가지고 있는 존재임을 알게 해 준다.

숨도 쉴 수 없을 만큼 답답함과 치미는 분노에 무작정 밤길을 나선 적이 있다. 정처 없이 걷다가 본 밤하늘의 별은 참으로 고요하고 아름다웠다. 저 별들의 실상은 어떠할까? 별의 표면을 아는 이라면, 빛나는 별과 연관시키는 데 이질감을 느낄 것이다. 거리를 두고 보면 아름답게 보이지만, 가까이서 보면 각양각색 사연들로 얽힌 우리들의 삶이랑 닮아 있다. 적당한 감정의 거리를 둘 수 있다며, 화라는 감정도 나를 빛나게 하는 새로운 에너지로 쓸 수 있지 않을까? 감정의 순환이 필요하다는 것을 깨닫는다.

우리가 '돌삐'와 나누었던 이야기

"〈천리마〉 작품이 엄청나게 크게 느껴져요. 그만큼 돌삐를 짓누르고 있는 것 같아 부숴 버리고 싶어요. 너무 징그러운 입을 하나씩 다 떼어 버리고 싶네요. 제3의 손이 모두 떼어 주렁주렁 달아서 저 멀리 던져 버리고 싶어요."

"〈천리마〉는 괴물이네요. 그 괴물이 참 외로웠겠다는 생각이 들어요. 그때 알고 지냈다면 편들어 줬을 텐데. 편들어 주는 사람이 있었다면 괴물이 되지 않았을까요? 말로 받은 상처는 몸에 새겨지죠. 그만큼 강력한 무기는 없는 것 같아요. 괴물과 싸우려면 괴물이 되어야 해요. 안 그럼 잡아먹히잖아요."

"사람들은 알아야 할 것 같아요. 자기 말이 저렇게 괴물을 만들 수 있다는 것을. 말로 태어난 괴물의 탄생이네요. 누가 봐도 괴물 같은 저 입을 표현한 것을 보니 정말 상처를 받았겠구나, 외로웠겠구나, 나라도 살기 품은 화를 냈겠다는 생각이 들어요."

"밤하늘의 별은 마치 지금의 온화한 표정 같아요. 말로 상처받아 괴물이 된 내가 우여곡절 경험으로 알록달록 예쁜 색의 감정을 분출하면서 스스로 다독여 평온하게 지켜보는 마치 화의 사이클인 것 같아요."

"평생 갈 상처일 거예요. 작품이 이렇게 나온다는 것은 아직 가슴에 흉터가 남아 있다는 것이니까요."

내가 나에게…

처음엔 망설였다. 나의 화를 드러내는 것을. 나의 잘못을 들춰내는 기분이었다. 거짓으로 포장된 작품을 내어야 하나? 잠시 고민했었다. 나의 고민이 작품 속으로 투영된다. 작품 속에 나의 이야기가 고스란히 담겨 있었다. 감정을 표현하는 데엔 용기가 필요했다.

집단원에게 작품을 나누는 시간, 더 이상 고민과 망설임은 없었다. 그들의 이야기에 내 이야기가 있었고, 내 이야기에 그들의 이야기가 있었다. 이제 집단원은 타인이 아닌 나의 안전 가옥이 되어 주었다. 내가 온전히 화를 드러낼 수 있도록.

결론은 "참 잘했다!"였다. 함께 징그러운 괴물에 격분하고, 철저히 없애자는 공감이 이어진다. 속이 후련하고, 어디에도 없던 내 편이 지금은 수백 명이 생긴 듯하다. 괴물이 될 수밖에 없었던 나의 이야기를 '그럴 수밖에 없었다.'라며 위로해 주는 그들에게서 상처가 아문다.

작품을 만들며, 이야기를 나누며, 나만의 화의 패턴을 찾고, 스스로 화를 되돌아본다. 이제 화는 한순간 나를 집어삼켜 나를 잃어버리게 하는 감정이 아닌, 내가 살아 있음을 느끼게 하는 감정이 되어 주었다.

당신은 '돌삐'에게 해 주고 싶은 말이 있나요?

_____

_____

_____

_____

'소피아'가 들려주는 화 그림 이야기

'화를 내면 안 돼! 착한 아이는 잘 참는 아이야! 온순해야 예쁨과 사랑을 받아!'

'상대방이 화를 내지 않도록 행동해야 한다.', '화는 폭력을 부르고 누군가에게 상처를 준다.', '화는 무서운 거다.'

이런 신념이 내 안에 자리 잡은 것은 언제부터였을까?

어릴 때 아빠가 잔뜩 화가 나서 주위 사람들에게 폭력을 행사하던 모습과 그때의 두려움과 불안감은 아직도 가슴 한편에 살아 있는 그림처럼 남아 있다.

그리고 아빠의 화를 촉발했던 엄마의 말과 행동까지….

이런 환경을 통해 내가 배운 것은 타인과 원만하게 지내려면 화와 같은 강렬한 감정은 드러내지 않아야 하고, 참아야 한다는 것이다.

시간이 지나면서 이런 나의 강한 신념이 결국엔 나를 병들게 했다. 화가 나야 하는 상황에서 그냥 얼음이 되어 버리거나, 무의식적으로 수동적인 형태의 공격을 가까운 이에게 하고 있었다.

관계에서 늘 희생자가 된 것 같았고 아무도 내 마음을 이해하는 사람이 없는 것 같아서 외로웠고 우울의 늪으로 빠져들었다. 미술치료를 만나면서 이 늪에서 빠져나올 수 있었고, 내 안에 수많은 색깔로 쌓인 화를 발견했으며, '화'라는 감정을 제대로 표현하는 방법을 발견했고, 지금도 이 과정 중에 있다.

'화'라는 감정을 마주할 때, 곧 터질 듯 꿈틀거리며 우주를 떠돌고 있는 행성의 이미지가 떠올랐고 표현해 보았다.

그리는 동안 화가 났던 수많은 사건과 근래에 나를 화나게 만드는 사춘기 딸과의 관계 속에서 내가 촉발하는 지점을 만났다.

'통제에 대한 욕구', 내 마음대로 나의 계획과 순서대로 이루어져야 만족스러운 나의 마음자리를 지키기 위해서 나는 어제도 폭발했다.

폭발하는 별(2022)
화선지에 수채화 물감. 35.7cm×51.8cm

"엄마가 몇 번이나 말했는데 왜!!! 듣지 않니?" 나의 말을 듣지 않는다고 폭발하는 자신을 바라보면서 '내가 이전에 누군가에게 이토록 화를 폭발시켜 본 적이 있었던가….'를 돌아보게 되었다.

타인들과의 관계에서 늘 노심초사 사랑받으려고 착한 역할만 하며 화를 참았던 내가 고작 13세의 아이에게 지금 무얼 하고 있나 정신이 번뜩 들었다.

얼마 전 딸아이가 자신 안에는 분노의 원석이 있는데, 이것은 선하게 쓰일 수도 있고 악하게도 쓰일 수 있다는 말을 한 적 있다. 분노를 원석으로 표현한 아이의 생각에 뭔가를 얻어맞는 듯한 느낌이 들면서, 과연 나는 분노를 어떻게 바라보고 있는가를 다시 한번 생각해 보게 되었다.

때때로 이 분노가 나를 성장시켰고, 타인에 대한 이해와 수용의 영역을 넓혀 주고 있었음을 인정하게 되었다.

무엇보다 미움과 분노의 감정이 폭풍처럼 지나간 후에 새겨진 흔적들을 마주하다 보니 상처받기 싫고 수치심 느끼기 싫고 인정과 사랑만 받고 싶은 나의 욕심이 흩날리고 있음을 본다.

우리가 '소피아'와 나누었던 이야기

"'화'가 '꽃 화'인가 싶을 정도로 예쁘게 보이는 그림, 꽃다발인가?"

"화려한 가면을 쓴 얼굴이 검은 사람이 보인다."

"어쩜 나랑 이렇게 똑같지…. 그림을 바라보는 나의 감정이 예쁘다는 것에서 아프다 슬프다는 것으로 변화되었다."

"귀여운 괴물이 팔을 흔들며 '한 놈만 걸려 봐라.'라고 말하는 것처럼 보였고, 동시에 투명한 해파리가 많은 감정을 흡수해서 색깔을 다 가져

간 듯했다."

"촉수의 휘어진 붓의 터치가 시원하게 느껴지면서 더 뻗어나가면 좋겠다는 생각이 들었다. 화라는 감정이 떨어져 나가는 시원함이 느껴져서 다행이다."

"로봇 청소기처럼 바닥을 지나다니면서 화라는 감정을 빨아 당기는 것 같았다. 로봇 청소기가 너무 예쁘다는 말로 설명될 수 없을 만큼 색감이 아름답고 오묘한 빛을 내며 섞이는 것 같다."

"예쁜 깃털이 모여진 새 둥지, 새도 보인다."

"자신의 에너지를 담은 화를 이미 잘 쓰고 있지 않은가?"

내가 나에게…

화라는 감정을 예쁘게 포장하는 나를 보게 되었다. 왜일까?

당신은 '소피아'에게 해 주고 싶은 말이 있나요?

어떤 행성의 이야기가 나의 이야기와 닮아 있나요?
떠오른 기억이나 느껴지는 감정이 있나요?

2장

6개 행성 우리 모두 '화' 그림으로 연결되다

시작하면서

"오늘은 어떤 작업을 해 볼까요?" 질문과 함께 고민이 시작된다.

'화'를 나눈 시간 끝에 '우리는 평소에 화를 낼 줄 모른다. 화를 못 낸다.' 그러니 여기 함께하는 작업에서 만큼은 온전히 '화를 내 보자.'는 것으로 마음이 모인다.

"시작!" 하는 신호로 우리의 마음을 금방 쏟아내긴 어려웠다. 다만 적어도 이 시간만큼은 화를 잘 내어 보기로 다짐한다.

분노, 빨강, 크고 강렬한 움직임

"안으로 참고 견뎌 왔던 화를 불타는 듯한 뜨거운 목구멍을 통해 피토하듯 붉게 칠한 느낌이다. 아주 강렬한 에너지가 느껴졌다. 불에 데는 듯 뜨겁고, 칼에 베이는 날카로운 아픔과 함께 빠른 심장 박동도 동반되는 신체적 감각이 전해지는 듯했다. 빨강은 심장에서 뿜어져 나오는 듯한 피, 마음껏 그어진 선들은 마치 자해의 흔적 같기도 하고 타인에 의한 상처 같기도 했다."

"뜨겁고 붉게 달아오르는 분노."

분노와 냉소(feat. 열정과 냉정 사이)(2022)
전지 도화지에 비아르쿠(수성흑연)와 먹. 78cm×108cm

"집단화는 색으로 표현되는 것보다 그리는 행위 자체에 표현이 담겨 있었다. 화가 나서 입으로 불을 내뿜는 형상이 연상되어 제3의 손[3]에게 부탁했다. 화의 감정에 맞닿았을 때, 나의 몸과 마음은 자연스럽게 그림

---

3) 『Art as Therapy(치료로서의 미술)』 이디스 크레이머, p55. 작품을 만드는 과정을 돕는 것.

으로 표현하고 있음에 너무 놀랐다. 역시 그림은 숨길 수 없는 나다."

"화를 떠올리면 화를 표출하는 행동이 먼저 떠오른다. 허리케인이 일고 화산이 폭발하고 핏물이 흘러내리는 것 같다. 붉게 피어난 화."

"간간히 붉은 물감으로 덧칠하는 것이 고작이던 나, 작품을 난도질을 하고 싶었다. 붉은색 유성펜을 들고 마구잡이로 털고 뿌렸다. 도화지에도 바닥에도, 신발에도, 옷에도, 칠판에도 붉은 유성 잉크가 흩뿌려졌다. 무질서하게 그어지고 엉겨 붙은 붉은색 실선들이 예리하게 베인 상처처럼 보인다. 화가 나면 이성적으로 되기 위해 애쓰지만, 널뛰는 감정은 괴성을 질러 댄다. 아무리 숨기려 해도 숨길 수 없는 것이 '화'인 듯하다."

"각자가 만들어 내는 색과 캔버스를 채우는 움직임들이 화라는 감정을 넘어 하나의 에너지가 되고 내면의 화를 승화시키는 것처럼 느껴져 작업을 하는 동안 알 수 없는 희열과 힘이 솟아나는 듯했다…. 나와 너, 우리 안에 꿈틀대고 있는 강렬한 에너지가 느껴진다."

냉소, 파랑, 차가운 이성

"푸른색은 얼음처럼 차가워진 화를 표현하는 것 같았다. 해소되지 못한 화는 온도가 낮아져 결국 얼음처럼 차가워지는 느낌을 준다. 남겨진 그 화들이 고요하고 푸른 깊은 물속에 수장되어 봉인되는 것이다. 냉정과 열정 사이 그 양극을 오가는 화의 모습."

"뜨겁다 못해 차갑게 냉각해 버리는 냉소적인 분노."

"화는 상대에게 내면 안 되고 혼자 정리하는 것이 옳다고 배운 나는 집단 그림에서도 사람들을 진정시키고 싶은 마음이 생겼는지 빨강을 들어 오른쪽 화지 면을 따라 테두리를 그려 넣는다."

"더 냉정해져서 파란 분노로 돌고 도는 감정의 소용돌이가 느껴진다."

"한참을 붉은 유성을 흩뿌리고 난 뒤에서야 '이걸 어떻게 치우지?'라는 걱정이 든다. 화는 날뛰고 나서야 숨어 있던 이성이 뒷수습을 하게 만든다. 그저 묵묵히 가장 마지막까지 붉은 유성 물감을 정성스럽게 지울 뿐이다."

"냉소적이고 아주 차가운 화의 감정, 마치 용솟음처럼 올라오는 차가운 얼음 폭풍 같은 느낌의 화를 그려 내는 동안 벌렁거리던 심장이 차분해지고 숨소리가 고요해지는 것을 느낄 수 있었다."

매체가 주는 즐거움 - 비아르쿠(수성흑연)

"물에 닿을수록 비아르쿠의 색이 진하게 올라오자 계속 물을 뿌리며 작업하였다. 물과 초크가 만나 번지는 개연성 때문에 더 자유로이 느껴졌다."

작업 및 활동 과정의 기록

"울컥 올라오는 화, 비뚤어진 마음을 담아 다른 집단원들의 작업을 쫓아다니며 망가뜨리기 시작한다. 엉망의 손짓, 얼룩덜룩한 흔적을 남기면 남길수록 약이 오르며, 더더욱 화가 나기 시작한다. 더 오래, 더 많은 두드림을 남기지 못한 채 채워진 화지 앞에서 이내 가슴의 불은 꺼져 버리고 말았다."

"더 많은 화를 표현하고 싶어 4절 도화지를 두 장이나 이어 붙였지만 좀 더 큰 종이였다면 어땠을까 하는 아쉬움이 남는다."

"종이가 너무 작고 사람은 너무 많다."

"물감도 뿌려 보고 싶고 물을 흠뻑 적신 휴지에 색을 입혀 던져 보고 도 싶다. 어쩌면 저 종이에 나의 화풀이를 하고 싶은 게 아닌가 싶다."

"커다란 캔버스에 담고 싶었다."

두 번째 만나는 감정
'슬픔'

1장

6개 행성 나와 너의 슬픔 이야기

'꿈쟁이주비건'이 들려주는 슬픔 그림 이야기

슬픔의 우물[4]

데이비드 화이트

슬픔의 우물에 빠져

고요한 수면 밑 어두운 물속으로 내려가

숨조차 쉴 수 없는 곳까지

가 본 적 없는 사람은

결코 알지 못한다, 우리가 마시는

차고 깨끗한 비밀의 물이 어느 근원에서 오는지

또한 발견하지 못할 것이다

무엇인가를 소망하는 사람들이 던진

작고 둥근 동전들이

어둠 속에서 희미하게 빛나고 있는 것을

시간이 흐르면 지구상의 모든 것이 변하는 건 분명한 거 같다. 나의

---

4) 류시화 엮음, 『마음챙김의 시』, 수오서재, 2022, 27쪽.

슬픔도 1년 사이 다른 모습으로 작품에 나타나서 슬픔을 말해 주고 있으니 말이다. 1년 전 나는 〈그림 2〉'하늘로 흐르는 검은 슬픔'에서와 같이 붉은 피를 흘리는 아픔에서 나온 검은 눈물이 하늘로 흘러가는 모습을 묘사하면서 상실의 고통으로 인한 가슴 찢어지는 슬픈 감정을 표현했었다. 내 나이 50대에 접어들어 사랑하는 부모님을 다 여의고, 너무나 아꼈던 반려견까지 무지개다리를 건너간 지금, 나에게는 그 이별의 지나간 흔적들이 〈그림 1〉의 모습을 거쳐 〈그림 2〉'슬픔의 뒤안'의 상으로 다가와 가슴에 꽂혔다.

〈그림 1〉 하늘로 흐르는 검은 슬픔(2021)
한지에 수채. 39.4cm×54.5cm

시간을 돌고 돌아 남겨지게 된 슬픔의 쓸쓸하고 아련한 뒷모습을 캔버스 앞이 아닌 뒤에 담아서 그 느낌과 이미지를 표현하고 싶었다. 가볍지 않은 깊은 색과 두께감으로 나만의 슬픈 정서감을 비밀스런 곳에 고이 숨겨두듯이 캔버스의 뒷면이라는 공간에 저장하고 싶었다. 먼저 아크릴의 검정색 튜브를 캔버스에 꾹 짠다. 그리고 붓으로 이리저리 아래쪽에 바르면서 가장 딥한 슬픔을 담았다. 흡사 우물 아래를 채우듯! 그림 위로 올라갈수록 파란빛 톤으로 조금 연한 느낌을 주고 싶었고, 가장 위쪽은 펄 화이트로 반짝이는 눈물이 흘러내리는 표현을 하였다.

〈그림 2〉 슬픔의 뒤안(2022)
캔버스에 아크릴. 45.5cm×37.9cm

이런 모습으로 나의 슬픔은 시간이 흘러 차분히 나의 뒤에 머물고 있고 항상 함께 있다. 그러다 문득 내 삶의 뒤안에 머물던 슬픔은 어떤 노래 가사에 혹은 어떤 드라마 대사에 감정의 그림자를 투영시키며 내 마음을 울컥하게 한다. 여전히….

우리가 '꿈쟁이주비건'과 나누었던 이야기

"나를 지켜 주던 세상이 녹아내린다. 녹아내린 세상은 끝도 없는 심연으로 가라앉는다."

한 올의 빛조차 허용되지 않는 심연은 한 덩어리로 엉켜 붙은 자신일지도 모른다. 그림의 심연의 울렁거림이 나의 눈을 계속 끌어당긴다.

"슬픔을 씻어 주듯 하얀빛이 흘러내린다."

알고 보니 빛이 흘러 슬픔을 덮는 것이 아니라 푸른 슬픔들이 해일처럼 일어나 빛을 향해 솟아오르고 있다. 빛과 슬픔이 만나 어떤 색깔의 세상을 만들어 낼까…. 궁금해진다.

"차갑게 식어 버리다 못해 검게 멍든 마음에 눈물이 흘러내린다. 내 세상이 흘러내린다."

문득문득 내 안의 눈물들이 떠오르겠지만 그래도 일상으로 돌아가 있겠지. 살고 있겠지.

"짙은 푸른색 위로 흰 눈물이 흐른다."

흰 눈물이 짙은 슬픔을 조금은 위로해 주지 않으려나, 많이 슬퍼했으니 조금은 덜 슬퍼했으면 하는 마음이 들었다.

"슬픔이 명치끝에서 내 속을 헤집는다."

얼마나 슬프면 그 깊이를 알 수 없는 색이다. 겉으로 보이기엔 하얀 눈물이지만 그 슬픔의 시작은 짐작조차 어렵다.

내가 나에게…

함께 바라보고 느끼는 슬픔은 찬란하게 아름답구나.

노래가 되고, 그림이 되고, 시가 되고….

당신은 '꿈쟁이주비건'에게 해 주고 싶은 말이 있나요?

_____

_____

_____

_____

'안방마님'이 들려주는 슬픔 그림 이야기

　아주 어린 시절의 기억을 거슬러 올라간다. 세 살이 되고 남동생이 태어나게 되었다.

　어렴풋이 떠오르는 기억. 어린 아기였을 때부터 엄마에게 안겨 있고 싶어 했다. 세 살 아기인 나는 엄마가 많이 필요한 시기였고, 갓 태어난 동생에게도 엄마가 필요했다. 태어난 동생에게 젖 물리기도, 안아 주기도 할 수 없도록 눈물을 흘리고 떼를 쓰는 세 살 아기를 엄마는 어쩔 수 없이 외가에 보내게 되었다. 지금도 성인으로 성장한 나에게 외삼촌들은 나를 '라디오'라고 놀리곤 하는데 그 별명의 시작은 외가에 보내지면서이다. 엄마를 잊은 순간에는 잘 놀고, 그러다가도 엄마가 그립고, 밥을 맛있게 먹다가도 엄마가 생각나서 울고. 많이 울었던 나머지 외할아버지는 우는 소리가 꼭 라디오 주파수 맞춰 두지 않은 것 같은 소리가 난다 하여 '라디오'라고 부르셨다. 외할아버지가 돌아가시기 전까지 나는 '라디오'로 불렸다. 가끔 가족들을 만나면 "참 많이 울고 잘 먹던 아기였다."라고 웃음 섞인 농을 하지만 나에게는 '라디오'라는 별명은 어쩐지 막연한 그리움이다.

잘 놀고 재밌게 보낸 하루 끝에 잠이 들었다. 새벽녘쯤 잠을 뒤척이다 엄마가 보고 싶어서 울고 눈물을 흘렸다. 아기가 안쓰러워 외할머니가 굽은 등에 아기를 업고 마당을 한 바퀴 돌았다. 시골의 새벽은 고요하고 공기가 맑아서 도시에서 보이지 않는 별도 보였다. 그리고 초승달도 보였다. 내일이면 만날 수 있는 엄마가 그리워서 눈물이 나지 않아도 울고 또 울었던 기억이 난다.

그리운 밤(2021)
수채화 용지에 오일파스텔. 27.5cm×36cm

치료사 일을 시작하면서 어린 시절 주 양육자가 부모가 아니어서 애착관계 형성이 잘되지 않아 어려움을 겪는 가족들을 만나게 된다. 나의 어린 시절 외가에 두어 달 맡겨진 시간은 이따금씩 막연한 그리움과 슬픔으로 마음속에 늘 나와 함께 공존하였다. 두어 달의 시간으로도 평생 생각나는 슬픔인데. 어쩔 수 없는 상황으로 유년기를 다른 양육자와 보내야 했던 아이들의 그리움은 상상하기 어려운 그리움이겠지…라는 생각에 마음이 아프다. 엄마라는 존재에 대한 그리움과 먹먹함은 평생 함께할 감정이라는 생각이 든다.

우리가 '안방마님'과 나누었던 이야기

"그리움 끝에 슬픔을 느낀다. 저 구름을 손으로 만져 보지만 만져지지 않는 사무치는 그리움이 있다."

"겹겹이 그은 선으로 이루어진 초승달이 진한 그리움으로 다가온다. 푸근해 보이는 푸른 슬픈 구름들 위에 떠 있는 별과 달이 생겨날 때마다 '엄마'가 보였을 것 같다."

"새벽녘 할머니의 등에 업혀 보았을 하늘이 그려진다. 그날의 하늘은 마음속에 남아 오늘도 그런 하늘빛을 만나는 날이면 왠지 모를 그리움과 슬픔이 묻어날 것 같다."

"외로워서 슬펐던 어린아이의 감정을 밤하늘의 달과 별, 구름이 엄마 품처럼 안아 주는 듯하다."

내가 나에게…

슬픔은 나에게 엄마에 대한 그리움이었나 보다. 나이 먹은 어른이 되었지만, 엄마 곁에서 언제나 사랑받고 싶은 작은 아이인가 보다.

당신은 '안방마님'에게 해 주고 싶은 말이 있나요?

_____

_____

_____

_____

'너구리보살'이 들려주는 슬픔 그림 이야기

슬픔은 어디에서 시작되는가? 40대에 접어들며 슬픔을 마주하면 가슴과 심장으로 빗물이 스며들 듯 아리다. 나의 슬픔은 상실, 애도와 맞닿아 있다.

16살에 겪은 아빠의 죽음이 25년이 지나서야 심장 4개의 방에 아련한 전율로 차곡차곡 쌓임이 느껴진다. '아리다'는 단어를 온 몸에 각인시키듯 감각 세포가 느껴진다.

누구에게나 어느 누구의 죽음은 1차적으로 슬프게 다가오리라 믿는다. 나에게 죽음이라는 것이 과거에는 큰 사건처럼 다가왔다면 지금은 덤덤한 일상처럼 다가온다. 정제된 슬픔이라고나 할까…. 그래서일까? 나에게 죽음 같이 큰 슬픔 이외에 이 세상 함께 살아가는 이들이 겪는 일상의 슬픔도 함께 느낄 수 있는 마음이 생겼다. 모든 이들의 슬픔을 색으로 표현한다면 '무지갯빛 비'로 표현하고 싶다. 나의 슬픔은 찬란하고, 뭉클하고, 고요하다.

내 아이가 동네 사람들에게 돌팔매질 당하는 것을 알지만 감내하며 그 아이의 성장을 비는 이, 누군가의 죽음을 보며 슬퍼하는 이, 이혼을 하고 그들의 삶을 애잔하게 이야기하는 이, 아빠의 죽음을 담담하게 이야기하는 이, 퇴직을 앞두고 주변 사람들이 공감을 못 해 줘 속상해하는 이, 기회를 엿보다 낙동강 오리알 신세가 된 정치인, 명품을 위해 모든 것을 내팽개친 이, 이혼과 결혼 사이에서 고민하며 재결합을 하는 가족을 보며 부러워하는 이⋯. 이 모든 이가 별로 특별한 것이 없는 그냥 내 주변의 사람들이다.

찬란한 뭉클함(2022)
수채화 용지에 수채화 물감. 25.5cm×35.8cm

　이 슬픔은 애잔하게 비가 되어 내린다. 촉촉해진 땅은 거름을 만들어 내고 비옥한 땅으로 변모하고 있다. 저 물감들은 어디로 흐를지, 어디로 스며들지 모르고, 주변에 어떤 영향을 줄지 모르지만 그 슬픔은 서로에게 스며들고, 서로에게 힘이 된다. 사람이 있기에 슬픔이 있는 것이 아니라, 슬픔이 있기에 기댈 사람이 있다.

외할머니가 돌아가시고, 아빠가 돌아가시고, 할아버지가 돌아가시고, 외숙모가 돌아가셨다. 나에게 어른으로 오래 계셨던 할아버지와 외숙모의 죽음을 겪으며, 슬픔을 가슴에 정리해서 차곡차곡 채워 넣는 방법을 배우고, 채워진 슬픔은 소중한 주변 사람들이 내 곁에 있음을 알려 주었다. 덤덤하게 차곡차곡 색을 올려 본다. 아무리 많은 색을 올려도 슬픔은 탁해지지 않고 단단해질 뿐이다. 내 마음처럼….

슬픔의 비가 내리다 보면 언젠가 내 마음에는 예쁜 꽃도 피겠지? 슬픔이 오고 나에게 단단한 꽃들이 피었다.

우리가 '너구리보살'과 나누었던 이야기

"찬란한 슬픔으로 다가온다."

찬란하다는 단어를 듣는데 울컥한다. 눈물이 바람에 흩날리는 이미지가 떠오른다.

"여러 가지의 감정이 비가 되어 내리고, 흘러내리는 것 같이 무너져 내리는 듯하다."

무너져 내린다는 말이 정리된 마음을 흔들어 놓는다. 잠시나마 불편하게 느낀 이유는 정리된 척해서가 아닐까?

"슬픔조차도 수용으로 느껴진다. 슬픔 넘어 희망이 있다는 것을 알고 있는 것처럼 느껴진다."

내가 어른으로 성숙하고 있다고, 또 다른 말로 표현해 주는 듯하다. 어깨가 으쓱한다. 노력하고 있음을 알아주는 이가 있어 마음이 따뜻해 온다.

"비가 처마 밑으로 똑똑 흘러내려 다져진 땅 같다. 단단해 보인다."

항상 단단한 사람, 500년 된 나무의 단단한 뿌리처럼 살기를 소망하고, 노력한다. 그것이 그대로 그림에 나타났다. 역시 그림은 그대로의 나를 표현해 준다.

"이젠 아빠의 죽음이 슬픔이 아니라 편안하게 다가온다."

확실히 편안해졌다. 과거엔 아빠의 죽음이 슬픔으로만 느껴졌는데 최근엔 슬픔, 화남, 그리움, 사랑으로 언어화시킬 수 있게 되었다. 감정을 내 안에서 정리하는 데 시간이 오래 걸렸다. 내 마음을 꺼내 볼 수 없지만 그림이 대신해서 증명해 줬다. 아빠의 죽음은 내 인생을 만들어 가는데 큰 영향을 미쳤다. 그것은 욕이 나올 정도의 부정적인 면보다 나의 성숙을 도운 큰 자양분이었다는 것을 느낀다.

내가 나에게…

아직도 슬픔을 그대로 표현하면 안 될 것 같은 마음이 드는가? 성숙된 인간상을 보여 주고 싶어 단단해졌다고 표현하며 포장한 것은 아닐까?

정말 내 나이에도 슬픔이 승화되어 단단해짐을 느낄 수 있을까? 가식이 아닐까?

당신은 '너구리보살'에게 해 주고 싶은 말이 있나요?

'별별요정'이 들려주는 슬픔 그림 이야기

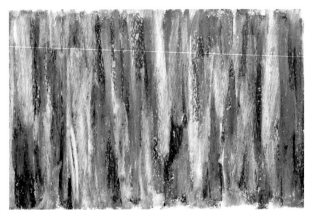

슬픔비(2022)
드로잉북에 오일파스텔. 21cm×29.7cm

까만 밤에 고요히 비가 내리면 온 세상에 어둠이 내리고 뿌옇게 흐려진다. 내 마음속 그 밤에 슬픔이 내린다. 검은, 잿빛의, 푸른, 하얀 비, 비, 비.

오일파스텔로 까맣게 까맣게 칠한다. 화지가 진한 까망으로 변해 간다. 손에 힘을 주지 않아도 쓱쓱 부드럽게 밀려나가 쪽빛의 비, 흑빛의 비, 먹빛의 비를 보탠다.

저 비는 슬플 때 눈물이 나는 내 몸과 마음의 비가 아닐까.

어느덧 내 몸속의 물이 다 말라 버려서 눈물조차 나지 않는다. 몸이 떨린다. 가끔 아무렇지도 않은 척한다. 멍하다. 세상과 따로 떨어져 분리된 나만의 공간 안에 빠져든다. 나만 슬프다.

슬플 때 내 마음은 아무것도 느끼지 못한다. 오롯이 슬프다. 차츰 슬픔에서 깨어나 원망한다. 화가 난다. 미안하다. 속상하다. 우울하다. 두렵다.

슬플 때 내 머리는 정지한다. 믿고 싶지 않다. 혼란하다. 어디서부터 어디까지 생각해야 할지 모른다. 아무 일도 없는 냥 덮어 놓고 묻어 두고 싶다. 언젠가는 꺼내 보게 된다. 그리고 단순해진다.

내 슬픔은 대부분 가족들 즉, 사람과 연결된다. 그래서 그 슬픔을 꺼내기가 조심스럽다.

이미 지나온 슬픔은 그다지 슬프지 않다.

언젠가 맞이할 미래의 슬픔이 두렵다.

견뎌 내야 할 시간이 필요함을 알기에 두렵다.

흠…. 생각만으로도 벌써 마음이 무겁다.

가족의 상실, 최대한 미루고 싶고, 최대한 자연스럽게 맞이하고 싶은 그 일.

나는 그 이별을 어떻게 받아들일까.

정말 상상조차 하기 싫어 글쓰기조차 꺼려진다.

그래서일까. 생각이 막힌다. 정말이지 아무것도 떠올리고 싶지 않다. 머릿속을 하얀 백지 상태로 둔다.

지금 이 순간 하고 싶은 거 하나!

"퉤! 퉤! 퉤!"

우리가 '별별요정'과 나누었던 이야기

"슬픔이라는 감정이 정리가 된 거 같다. 감정을 표현하는 것이 간단 명료하다."

"크게 슬퍼할 만한 일이 떠오르지 않는다. 누구나 겪는 이별, 상실 등의 일상적인 슬픔은 슬퍼하고 또 슬퍼하다 보면 마음이 편안해진다."

"시원하게 내리는 슬픔의 비 같기도, 슬픔을 씻어 내려 주는 비 같기도 하다."

내 마음속 눈물이 비가 되어 슬픔을 모조리 씻어 주었나 보다.

내가 나에게…

슬퍼할 일이 있으면 실컷 슬퍼했다. 그랬더니 내 마음속에 남아 있는 슬픔이 그다지 없다. 아니면 복 받은 삶을 산 걸까? 앞으로도 쭉 이어졌으면 좋겠지만 슬픔이 나만 피해 갈 리는 없다. 그게 삶인 것을….

당신은 '별별요정'에게 해 주고 싶은 말이 있나요?

_____

_____

_____

_____

'돌삐'가 들려주는 슬픔 그림 이야기

슬픔의 감정은 '상실'과 가장 밀접한 감정이다. 어릴 적엔 부모님의 관심을 잃을까 조마조마했다. 인정받고 싶지만 인정받을 수 없을 때 부모님의 사랑이 혹여 사라질까 불안과 슬픔에 남몰래 많이도 울었다. 내가 사랑받는 존재가 되지 못해 버려지진 않을까 하는 두려움과 좌절 끝에는 꼭~ 슬픔이 찾아왔다.

성인이 된 뒤에는 지인들의 죽음과 이별, 관계의 단절은 크나큰 슬픔으로 다가왔다. 보고 싶은데 이젠 어디에서도 볼 수 없고, 이야기 나눌 수도 없고, 안을 수도 없고, 다가갈 수도 없다는 생각에 미칠 듯이 그리웠다. 후회만 가득한 죄책감과 통한은 깊은 좌절감과 무력감으로 다가와 슬픔으로 변하였다.

무한 경쟁 사회에서 성공 못 하거나 경쟁에서 밀린 초라한 내 모습을 직면할 때면 환경을 원망하고, 나를 원망하며 그렇게 허덕이다 보면 어느새 슬픔으로 가득 찼다.

울보가 되어 눈물만 흘리는 내 모습이 불쌍하고, 애처롭다가도, 원망스럽고, 가증스러웠다. 왜 지키지 못하고, 왜 이루지 못했냐고, 너는 왜 그 모양이냐고, 끝없이 나를 자책하고 원망하고 무너트렸다. 그러다 보면 어김없이 나타난 감정은 슬픔이었다.

사랑받지 못하는 존재로서의 나, 인정받지 못하는 존재로서의 나, 가치가 없는 존재로서의 나, 쓸모없는 나를 어루만지며 괜찮다고 토닥여 주듯이 슬픔은 내 곁에 늘 함께 있었다.

한바탕 울고 나면 속이 후련하고, 무엇 때문에 울었는지조차 잊어버릴 때가 있다. 그냥 이전의 부정적 감정들이 해소되면서 새로운 힘을 얻고 나아갈 용기가 생긴다. 그렇게 슬픔은 나에게 가장 오랜 친구가 되어 주었다.

슬픔의 감정을 생각할 때 가장 먼저 떠오른 것이 관 위에 뿌려진 꽃이다. 남은 가족들이 고인을 보내는 가장 마지막 애도 단계이자, 관을 땅에 묻으면서 이제 정말 떠나보내야만 한다는 것을 눈으로 확인하는 시간에 하얀 국화꽃으로 차마 전하지 못했던 마음을 대신하는 관 위의 뿌려진 꽃. 그게 작품 〈안녕〉이다.

도저히 잊히지 않을 것만 같았던 슬픔도 시간이 지나면 서서히 슬픔

안녕(2022)
8절 도화지에 비아르쿠(수성흑연). 39.4cm×27cm

보다는 고인과의 추억이 자리 잡게 되고, 남은 가족의 소중함을 깨닫고 더 끈끈한 연민과 애정으로 변하는 것에서 슬픔은 우리 인생의 해독제 가 아닐까 한다.

우리가 '돌삐'와 나누었던 이야기

"슬픔 감정이 정제되고 나면 성숙한 느낌이 든다. 더 이상 일차적인 슬픔이 아닌 승화된 슬픔이 느껴진다."

"관 위의 떨어진 꽃이 제 마음에도 툭툭 내려앉는 느낌이다. 마치 내 눈물 같고, 슬픔 자체인 것 같다."

"누구도 범접할 수 없게 주변의 풀들이 막 엉켜 있는 것도, 관 위에 꽃을 던져 놓고 가 버린 것 같은 모습도 너무 외롭다는 느낌을 받는다."

"강물이나 시냇물에 꽃이 흘러가는 것처럼 보여요. 떠나보내고 있는 그런 느낌입니다."

"문 같기도 해요. 꽃무늬 문. 자개장 느낌도 나요."

"주변의 회오리치는 형상들이 막 움직여서 관을 없어지게 할 것 같아요."

"글의 초입부가 너무 슬펐어요. 아등바등 살게 만든 사건 같아서 글과 그림이 외롭고, 슬프고, 고요한 느낌이에요."

내가 나에게…

슬픔이라는 감정이 한때는 원망과 괴로움과 고통이었다. 그런데 지금은 일차적인 타격감만 있는 것이 아닌 그 타격감 너머에 조금은 삶을 바라보는 느낌으로 다가온다.

옛날에는 슬픔이 진짜 강렬한 감정이었다. 그래서 끊임없이 울었다. 이제는 슬픔이 진짜 친구처럼 다가온다. 나의 마음을 알아주고, 위로해 주는 내 가슴 속에 숨어 사는 친구 같다. 떠나보내기 위한 슬픔과 눈물은 새로운 친구를 만날 수 있게 해 주는 힘이 되어 주었다.

나의 그림에서 관을 묻기 위해 걷어 낸 흙더미를 뒤덮인 엉킨 풀로 본 이가 있었다. 저 관이 곧 땅속에 묻힌다는 암시로 쌓여 있는 흙더미로 표현하고 싶었는데, 그림을 그릴 때 뜻대로 되지 않는 그림 실력에 답답했었다. 집단원이 회오리치는 형상이 관을 없어지게 할 것 같다는 말에 나의 의도가 전달되었음을 느끼곤, 감정이 소통된 것 같아 좋았다.

당신은 '돌삐'에게 해 주고 싶은 말이 있나요?

_____

_____

_____

_____

'소피아'가 들려주는 슬픔 그림 이야기

빈 배처럼 텅 비어[5]

최승자

꽃들이 파랗더라
내가 살아 있다는 것은 정말일까
꽃들이 파랗더라
이 주야장천 긴 날에
꽃들이 파랗더라

슬픔은 나를 정지시키고 색깔을 잃어버린 검은 바다에 침잠하게 만든다.

눈물을 한바탕 쏟아내고 나면 애가 타서 검어진 존재에 파란 꽃들이 피어나고 있음을 보게 된다.

---

5) 최승자 엮음, 『빈 배처럼 텅 비어』, 문학과지성사, 2020.

어릴 적 기억 속 슬픔의 장면 하나는 엄마가 부엌으로 나 있는 조그마한 문에 앉아서 눈물을 훔치고 있는 모습이다. 건너편 아빠는 무섭게 흔들리며 돈을 챙겨 가고 있다. 엄마의 슬픔이 전해져 작은 손으로 엄마의 눈물을 닦아 내고 있는 아이도 보인다.

〈그림 1〉 파란 꽃(2021)
화선지에 수채화 물감. 54.5cm×39.3cm

생각해 보면 어릴 때 느끼는 슬픔은 주로 부모님과의 관계에서 비롯되는 것들이었다. 평온했던 일상이 깨어지는 사건이 일어났을 때 느껴지던 슬픔, 아빠와 싸운 엄마가 우리를 두고 혹시나 떠나 버리지는 않을까 하는 두려움에서 비롯된 슬픔이 대부분이었던 것 같다.

12세 때 할아버지의 죽음을 눈앞에서 목격한 이후부터 4년 동안 지속된 아빠, 고모, 삼촌, 외할머니의 연속된 갑작스러운 죽음은 나를 무거운 슬픔의 바다에 빠져 있게 했다.

이후로 나는 죽음으로 인해 누군가와 이별하는 것이 세상에서 제일 슬프다. 누군가의 죽음으로 인해 내가 살아 있음을 깨닫는 것이 서글프기도 하였고, 과연 내가 살아 있다는 것이 정말일까 하는 혼란스러움도 느꼈다. 가까운 이들의 죽음으로 슬픔을 느끼는 것은 나에게 너무나 일상적이면서 늘 나를 따라다니는 그림자인 것 같았다. 이 슬픔은 삶의 의욕을 잃어버리게 했고, 깊은 절망감과 우울함에 잠기게 했었다. 그런데도 사랑의 관계를 맺었던 누군가가 갑자기 사라져 버렸을 때의 그 허망함은 슬픔의 감정이 올라올 때마다 피어나는 파란 꽃이면서 내가 살아 있음을 확인시켜 주는 도장이 되기도 했다.

늘 삶과 죽음의 경계에서 죽음을 향해 살아가는 인생임을 슬픔을 느낄 때마다 확인하니 어쩌면 슬픔은 인간의 위치와 방향을 알려 주는 나침반 역할을 하는 듯도 하다.

슬픔을 느낄 때 나의 오색찬란했던 감정의 색깔들은 불이 꺼진 듯 아주 깊은 우울감을 느끼며 눈물을 흘리고 있다. 이것을 검은 나무에 피어나는 파란 꽃들로 표현했다.

〈그림 2〉 눈물(2022)
색지에 밀가루 반죽. 27.2cm×24.2cm

눈물이 되어 피는 꽃들은 이별과 분노로 인한 슬픔, 안타까움에서 오는 슬픔, 나를 챙기지 못한 것에서 오는 미안함의 슬픔, 타인의 고통이 전해 주는 슬픔 등을 표현한 것이다.

어떤 슬픔은 눈물과 함께 씻겨 내려가 새로운 색깔의 꽃을 피우기도 하지만, 어떤 슬픔은 내 안의 검은 흔적으로 남아 흉터가 되어 있기도 하다.

슬픔의 감정을 느낄 때 마음이 녹아내리고 흐르는 눈물은 가득 쌓인 감정을 씻어 내린다. 슬플 때 흐르는 눈물방울을 물감이 들어간 밀가루 반죽을 이용해 표현해 보았다. 한동안 눈물을 흘리며 슬픔의 바다에 잠겨 있다 보면 어느 순간 육지를 찾고 싶은 욕구가 생겨난다. 그때는 신기하게도 그들과의 관계에서 경험한 슬픔이 여러 가지 다양한 색깔의 길이 되어 주기도 한다. 슬픔이 올라올 때 도망가지 않고 오롯이 슬픔의 감정에 머무르고 충분히 젖은 후 다시 수면 위로 올라오는 작업을 하고, 자연스럽게 흘러가는 대로 감정을 흘려보낸다….

그래서 슬픔으로 인해 흐르는 눈물은 나의 밑바닥 감정과 인간의 유한함을 깨닫게 해 주는 정화의 도구가 되기도 하고, 쌓인 감정과 찌꺼기들을 확~ 뒤집어 새로운 출발을 할 수 있게 해 주는 '태풍의 눈'이 되기도 한다.

"찬란한 슬픔."

"우리의 눈물이 다 보석."

그들은 슬픔으로 흐르는 눈물을 아름답게 보아 주었고, 슬픔의 감정이 슬픔 안에 매몰되지 못하도록 만들었다.

내가 나에게…

어쩌면 슬픔이라는 감정을 즐기고 있는 것은 아닐까?

당신은 '소피아'에게 해 주고 싶은 말이 있나요?

_____

_____

_____

_____

어떤 행성의 이야기가 나의 이야기와 닮아 있나요?
떠오른 기억이나 느껴지는 감정이 있나요?

2장

6개 행성 우리 모두 '슬픔' 그림으로 연결되다

우리의 연결고리

개인 작품에서 흘러내리는 형태가 반복해서 표현되는 우리의 비슷한 감정을 느끼고, 보았다.

흘려보내는 감정이 슬픔일까? 눈물도 흐르고, 비도 흐르고, 어둡고, 습한 무거움이 더해질 때마다 슬픔의 감정만 남은 듯하다. 오롯이 슬픔에 흠뻑 빠져 보는 시간을 가져 보기로 했다.

그리는 순서도, 작품의 구상도, 매체의 통일성도 없이 각자 손이 가는 대로 서로의 슬픔을 한 지면에 가득 채워 본다. 그 슬픔은 우리 모두의 슬픔이자, 서로를 향한 위로였다.

I 단계-먹구름: 기괴할 만큼의 처절한 슬픔

하늘에 머리만 둥둥 떠서 하염없이 눈물을 흘리고 있는 모습이 연상된다. 어느 부분은 머리를 풀어 헤치고 오열하며 엉엉 우는 새끼 잃은 어미 새의 모습으로도 보인다. 시리도록 푸른 덩어리는 눈물의 먹구름이 되었다. 눈물의 먹구름 너머로 끝을 알 수 없는 무거운 자줏빛 그림자는 슬픔의 끝은 알 수 없는 어둠임을 대변해 주는 듯하다.

무슨 사연이 그리 많은지 눈물의 먹구름은 서로 섞이지 못하고 각각의 원으로 응집되어 있다. 충분히 무거워진 구름은 당장이라도 땅으로 떨어질 기세이다. 먹구름이 쏟아내는 빗방울은 다른 사연을 품고 각양각색으로 떨어지고 있다. 먹구름의 비바람이 대지는 흔들고, 황토빛 공기가 대기를 답답하게 채운다. 붉게 얼룩진 자국은 상실의 슬픔으로 끊어진 애의 핏자국 같다.

모든 공간이 슬픔으로 가득 채워져 있지만, 조용히 슬픔을 받아들이듯 보일 듯 말 듯 흰색의 작은 우산을 미약하지만 받쳐 본다. 쓰나미 같은 슬픔에도 우산을 펼칠 수 있다는 것에 슬픔을 받아들이는 나의 성장을 확인한다.

함께 비를 맞아 주겠다는 다섯 송이 민들레는 어느새 꿋꿋이 꽃을 피워 냈다. 슬픔은 조용히 빗물이 되어 흘러내린다.

〈그림 1〉 Ⅰ단계-먹구름(2022)
전지도화지, 비아르쿠(수성흑연), 오일파스텔, 크레파스. 78cm×108cm

〈그림 2〉 Ⅱ단계-무지개(2022)
전지도화지, 비아르쿠(수성흑연), 오일파스텔, 크레파스. 78cm×108cm

〈먹구름〉작업 후 한동안 침묵 속에 그림을 감상했다. 그림을 수정하자는 의견이 나왔다. 왜 수정하고 싶었을까?

기괴했던 눈물의 먹구름은 슬픔을 희망으로 바꾸고 싶은 손길들로 훈풍의 회오리가 되기도 하고, 나비가 되기도 한다. 슬픔은 시간이 흘러 그 빛이 퇴색되고, 시간의 나이테가 생긴다. 나이테의 결만큼 아픔과 슬픔은 성숙과 성장을 켜켜이 새겨 간다. 슬픔이 우리 인생에 없었으면 좋겠지만, 성장을 위해 있어야 하는 존재라는 것을 그림의 수정 작업을 통해 깨닫는다.

빗물이 모여 강이 되고, 강이 모여 바다로 이어지는 물의 여정이 슬픔의 끝에는 더 넓은 세계로 이어져 있음을 알려 주는 듯하다. 슬픔은 흘러버림으로 승화되어 희망으로 변형되는 여정이다.

답답했던 대지가 걷어지며 찬란한 오색빛깔 무지개가 떠오른다. 폭우를 이겨 낸 민들레가 더욱 활짝 피고, 땅은 더 촉촉해진다. 개인마다 아리고 시린 슬픔이었지만, 서로를 위로하려는 마음이 하나로 연결되어 변화를 불러일으킨다.

언제가 될지 모르지만, 결국 슬픔은 사라진다는 위로였다.

매체가 주는 즐거움: 비아르쿠(수성흑연)·오일파스텔·크레파스

물에 닿으면 형태가 뭉개지면서 물컹거리고 끈적거리는 변화는 힘을 주지 않아도 부드러움이 느껴졌다. 마치 물 위에 물감을 풀어 손으로 만지는 느낌 같았다. 물을 만난 비아르쿠는 더욱 선명한 색채의 번짐을 보여 주었다. 슬픔의 무겁고, 축축하고, 눅눅한 기운을 표현하기에 비아르쿠의 질감 변화는 탁월했다.

무작정 선택한 매체 중에는 낙서하듯 배경이 되어 준 오일파스텔의 은은함도 있었다. 억압된 슬픔을 분출하기에 강렬하게 휘갈겨진 크레파스는 자기를 분명하게 드러냈다.

도화지를 물에 흠뻑 적시자 비아르쿠는 우리가 예상하지 못한 색의 번짐으로, 오일파스텔은 옅어짐으로, 크레파스는 더욱 선명함으로, 우리에게 새로운 느낌을 선물해 주었다.

작업 및 활동 과정의 기록

분명 슬픔의 감정이 휩싸여 슬픔을 고스란히 직면하자고 도화지를 호기롭게 펼쳤다. 작업 구상도 없이, 각자의 느낌대로, 생각대로 그려지는 과정에 슬픔을 직면하겠다는 당찬 포부는 어느새 사라지고, 말하지 않아도 느껴지는 서로의 눈빛과 손길에 따뜻함과 안정감을 느끼게 되었다. 마치 물 흐르듯 자연스럽게 작업의 위치가 바뀌고, 서로의 그림에 손길이 더해지고, 그림의 변화가 생겼다. 채색 도구를 문지르던 손길에 힘이 빠지면서 누군가 가져온 분무기에 장난이 더해지고, 손으로 물을 튕기며, 각자의 독특한 개성과 감정이 조화롭게 하나가 되어간다. 슬픔이 점점 작아지더니 사라지고, 그 자리에는 웃음과 즐거움이 들어온 것이다. 슬픔의 눈물방울을 민들레 홀씨로 느끼며 민들레를 그린 손길처럼 서로의 슬픔을 안아 주려는 사람들로 슬픔은 새로운 감정으로 변화하였다.

세 번째 만나는 감정
'공포'

1장

6 개 행성 나와 너의 공포 이야기

'꿈쟁이주비건'이 들려주는 공포 그림 이야기

엄마 걱정[6]

기형도

열무 삼십 단을 이고
시장에 간 우리 엄마
안 오시네, 해는 시든 지 오래
나는 찬밥처럼 방에 담겨
아무리 천천히 숙제를 해도
엄마 안 오시네, 배춧잎 같은 발소리 타박타박
안 들리네, 어둡고 무서워
금간 창 틈으로 고요히 빗소리
빈 방에 혼자 엎드려 훌쩍거리던
아주 먼 옛날
지금도 내 눈시울을 뜨겁게 하는
그 시절, 내 유년의 윗목

---

6) 기형도, 『입 속의 검은 잎』, 문학과 지성사, 2016, 134쪽.

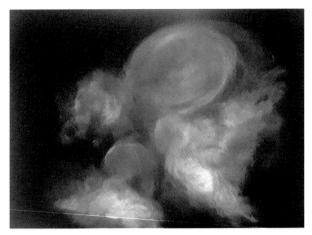

〈그림 1〉 어둠 속(2022)
종이에 물분필. 19.5cm×27.1cm

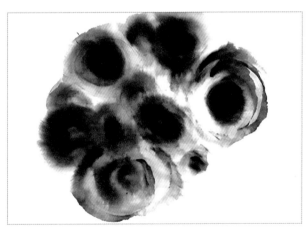

〈그림 2〉 뭉게 공포(2021)
한지에 수채. 39.4cm×54.5cm

내 안의 공포는 죽음과 이별에 대한 두려움을 먹고 자란다. 어린 시절 우연히 아파트 옥상 추락사를 목격하고부터일까? 아니면 임종이 무엇인지도 모르는 7살 어린 아이가 사랑하는 할머니와 작별 인사도 못한 채 이별한 이후일까? 언제부터일까? 태어나는 그 순간부터 본능적으로 실존적 불안에 떨며 공포를 키워 온 것일까?

다른 이들이 죽어 가는 모습을 보면서 앞으로 다가올 자신의 죽음을 떠올리며 산다는 것은 그야말로 편치 않은 삶의 방식이다. 나는 그렇게 편치 않은 세상에서 순간순간 다른 강도의 공포를 마주치며 살고 있다. 영화를 봐도 늘 공포물만 보는 내가 왜 그런가를 생각해 보면 '나만 그런 게 아니야. 남들도 그렇네.'라는 말도 안 되는 상황을 확인하기 위함이 아닌가 하는 생각도 들었다. 혹은 장면 속은 위험하지만 그 순간 스크린 밖에서 안전하게 있는 나 자신이 갖게 되는 편안함 때문에 공포 마니아가 된 거 같기도 하다. 그런 호러물을 좋아하는 내가 그린 공포 감정 그림인 〈그림 1〉과 〈그림 2〉는 반대인 듯 닮았다. 〈그림 1〉은 최근에 그린 것이고, 〈그림 2〉는 작년에 그린 공포 감정 그림이다. 〈그림 2〉를 그릴 때 내게 공포는 막연히 검은색이라는 생각에 검정 수채물감에 물을 많이 묻혀 한지에 검은 연기처럼 번지도록 표현했다. 그러다 올해 들어 다시 떠올린 공포는 검은 연기가 아니라 시커먼 어둠 속의 알 수 없는 이미지로 다가왔다. 하루 일과가 끝난 후 책상에 홀로 앉아 검은 종이에 흰색의 물분필로 쓱쓱 그린 후 티슈로 문질렀다. 흰 형체가 어디서부터 시작되었는지를 표현하기 위해 아래로 계속 좁혀 그려 나갔다. 이 그림을 보던 동생이 '초음파 사진 속의 태아'의 모습이 보인다고 했을 때, 기분이 묘했다. 내가 그린 것이 존재의 근원과 비슷하다는 생각이 들어서 한참 들여다보고 또 들여다보았다. 물분필의 끈끈한 느낌은 수채물감의 부드럽고 자연스러움과는 달리 물리적인 힘과 정성이 더 들어서 티슈로 여러 번 문질러 표현해야 했다. 마치 아이를 돌보듯!

남아 있던 공포 감정 〈그림 3〉을 파일에 붙여넣기를 하다가 우연히 클릭을 잘못하여 〈그림 4〉의 필름 음화처럼 나왔다. 내가 의도했던 바가 알아서 나와 준 놀라운 순간이었다.

원래는 흰 도화지에 파스텔로 공포를 느끼는 장면을 나타낸 그림이었는데, 그 이면에 있던 그림자가 불쑥 나오면서 나의 공포의 주된 컬러 '검은색'이 베이스로 깔려 공포의 느낌이 더욱 생생하게 살아났다. 순간 생각이 한 단계 더 나아간다. 우연히 발견한 음화 속 어둠, 반면에 〈그림 3〉은 의식적으로 내가 꺼낸 그려 낸 양화! 음양의 조화! 세상 어느 곳에나 공포는 있지만, 그 감정의 에너지가 움직이는지 멈춰 있는지의 차이가 사람들이 느끼고 느끼지 못하는 것의 차이를 만들어 내는 것일까? 여기서 나의 결론은 '모든 것은 동시에 공존한다.'이다.

〈그림 3〉 저 문 뒤로(2021)
종이에 파스텔. 21cm×29.7cm

〈그림 4〉〈그림 3〉의 음화 버전. 저 문 뒤로(2021)
종이에 파스텔. 21cm×29.7cm

다시 처음으로 돌아가 〈그림 1〉 '어둠 속'을 그리면서 내 속에 머물러 있던 '죽음'에 대한 두려움을 들여다보았다. 죽음은 삶의 과정 끝에 있는 인생의 큰 최종 목표이기도 하다. 매 순간 깨어 있는 삶 속에서 적정 선의 공포를 길동무 삼아 인생길을 걷다 보면 내가 바라는 웰다잉에 가까워지지 않을까?

우리가 '꿈쟁이주비건'과 나누었던 이야기

"어디서 피어나는지 알 수 없는 연기나 안개 같아요. 답답한 두려움 같은 느낌도 들고….

"공포라는 게 무서움과 두려움이기는 한데, 알지 못하니까 공포로 다가오는 게 아닐까요?"

"세상을 먼저 떠난 이들에 대한 그리움이 공포와 겹쳐 보여요."

"사람이 옆으로 쓰러져서 죽음을 기다리고 있는 것 같아요."

"몽환적인 공포…. 꿈을 꾸다 보면 숲속에서 헤매고 그 안에서 연기가 마구 피어오르고 내 뒤에서 뭐가 쫓아오는지 보이진 않는데 나는 도망가고….

"족두리 쓰고 있는 할머니의 옆모습이 보이는 것 같아요."

내가 나에게…

창밖의 빗소리, 그리고 밤하늘의 달빛을 느끼는 순간 어둠도 따뜻하고 포근하니 나를 품어 준다. 공포스런 세상 속에서 나는 편안함과 안전을 찾고 있었다. 원효대사의 해골물이 열쇠로 내 손에 쥐어진다. '일체유심조'

당신은 '꿈쟁이주비건'에게 해 주고 싶은 말이 있나요?

_____

_____

_____

_____

'안방마님'이 들려주는 공포 그림 이야기

　나는 청각에 예민한 편이다. 예민한 청각의 장점은 청음 실력이 좋고, 영어 듣기 시간에 빠르게 흘러가는 단어들을 기민하게 알아차리는 점이다. 반대로 단점은 소리에 예민한 나머지 공터에서 농구공 튕기는 소리, 윗집에서 들리는 발자국 소리, 비 오는 날 내리치는 천둥소리를 다른 이들보다 크게 듣게 되어서 괴롭다는 것이다.

　어느 날, 듣게 된 천둥소리. 흐리고 어두운 그날, 폭발하는 굉음과도 같은 천둥소리가 무서워 엄마의 품을 파고들었다. 그 이후일까, 바람이 세게 불어 문이 꽝하고 닫힐 때, 조용한 밤에 울리는 시계 소리에 귀를 막고 싶은 마음과, 그런 소리가 들리지 않아도 소리가 귀에서 울리는 것 같은 느낌을 받을 때 그 소리가 계속 지속될 것만 같은 불편함과 두려움을 느낀다.

　청각에 예민한 탓일까? 성격이 예민한 탓일까? 생활 소음과 함께 사람들의 평가하는 소리에도 귀를 기울이게 된다. 사람들은 일을 잘해 내면 앞에서는 갖은 칭찬으로 이야기 하지만, 뒤돌아서면 상상하지도 못할 이야기를 할 때도 있다. 사람인지라 모든 평가에 완벽하고 싶었는데, 그렇지 못한 소문을 들었을 때 무너지는 자신을 발견하게 된다. 소문은 나를 혼란하게 만들고 무너지게 만든다. 아이러니하게도 나의 이름의 뜻은 좋은 소리만 듣고 바른 사람이 되라는 뜻이 담겨 있는데 그런 이름의 뜻을 따라 살지 못하고 사람들의 평가에 무너지는 스스로가 나약하게 느껴진다.

평가에서 벗어나는 것은 다른 이들의 기준에서 벗어나 '나'의 세계에 안착하는 것으로 알고 있다. 어떠한 평가가 들어 있는지 모를 판도라

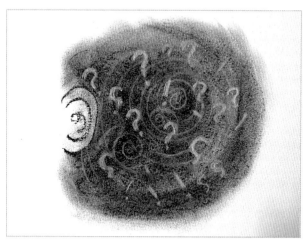

두려움(2021)
도화지에 파스텔. 27.5cm×36cm

의 상자를 열어서는 안 됨을 알면서도 듣고 싶고 궁금해지는, 그러나 결과에 따라 좌절하는 모습일까 봐서 두렵다.

우리가 '안방마님'과 나누었던 이야기

"소용돌이 속의 수많은 물음표들이 '삶'이란 시험지에 담긴 문제들 같아 마음이 무겁다."

"자기 꼴대로 사람을 본다는데 내 꼴은 무엇일지 그들을 통해 나 스스로 알아갈 수 있는 힘이 생기기를, 누가 뭐라 해도 스스로가 제일 잘 아는 사람임을 기억하기."

"어쩜 나와 이리 같을까?라는 동질감이 느껴진다. 타인의 평가에 민감한 나 역시 판도라의 상자를 겁 없이 열어 확인하고 싶을 때가 많다. 늘 쫑긋 서 있을 귀가 안쓰럽다."

"머리 그리고 마음의 귀 모두가 세상의 작은 소리에도 온 정성을 기울이느라고 얼마나 피곤하고 힘들까? 그럼에도 들어야만 할 때에는 얼마나 애를 쓰는 걸까? 애가 타면서도 누구보다 재빨리 들어주고 알아차려 주는 저 귀가 고맙고 부러운 마음이 든다."

좋은 것이 아님을 알면서도 알고 싶어지는 마음에 대한 것, 금단의 사과를 마주하는 이브의 마음이 이런 마음이었을까?

두려움에 대한 나의 궁금함을 조금은 알 것 같다. 타인의 평가를 상징하는 하얀색과 푸른색이 그림에 있는 귀에는 담겨 있지 않음을 보며, 나도 모르게 그들의 이야기를 객관적으로 평가하고 걸러 내고 있는 것은 아닐까?

당신은 '안방마님'에게 해 주고 싶은 말이 있나요?

_____

_____

_____

_____

'너구리보살'이 들려주는 공포 그림 이야기

'공포'라는 단어를 공책에 써 놓고 어떤 것이 느껴지는지 집중했다. 두려움, 무서움이 먼저 다가왔다. 나는 어려서부터 두려움을 느낀 적이 거의 없는 것 같다. 결혼 후 단독주택에 거주할 때 아침에 눈을 뜨면 가장 먼저 한 일이 대문 열기였다. 내가 살던 주택 골목길에는 다섯 채 정도의 집이 있었는데, 앞집은 전기회사, 옆집은 유통 회사, 뒷집과 골목 입구 양 쪽 집은 할머니, 할아버지께서 살고 계셨다. 골목 안쪽엔 어린이집이 자리 잡고 있었다. 어쩌면 낯선 젊은 남자들이 자주 드나드는 곳이라 매우 위험한 골목일 수 있었다. 하지만 나는 내가 활동하던 시간인 새벽에도 대문을 열었고, 밤늦은 시간에도 현관문을 열었다. 하루는 문 닫는 것을 깜빡하고 열어 둔 채로 잠이 든 날도 있었다. 주변의 지인들은 위험하다며 나를 나무랐다. 하지만 나는 두렵다고 느낀 적이 단 한 번도 없었다. 나는 매우 예민한 감각을 가지고 있기에 둔해서 그렇다고 설명하기도 어렵다. 그럼 나는 언제 공포를 느끼는가?

내가 공포를 느낄 때는 통제할 수 없는 상황, 내가 손 쓸 수 없는 예기치 못한 결과와 마주했을 때 공포를 느낀다. 작게는 공에 바람을 넣기 위해 펌프를 연결했는데 압력이 높아져 펑 터지면 찢어진 공이 내 눈에 들어가지는 않을까? 비행기를 타고 가다 난기류를 만나 추락 사고를 당한다거나, 아침 출근길에 갑자기 싱크 홀을 만난다거나, 바다 수영을 하다 소용돌이를 만나 끌려간다거나 하는 큰 힘의 압력에는 공포를 느낀다. 나는 수영을 20대 중반에 시작했다. 임신과 육아 기간을 조금 뺀다 하더라도 10년은 넘게 했다. 하지만 난 바다 수영은 엄두를 내지 않는다.

눈동자(2022)
수채화 용지에 수채화 물감. 25.5cm×35.8cm

그냥 공포 그 자체이다. 블랙홀 같은 새로운 미지의 생명체가 내 한쪽 다리를 당겨서 빨려 들어갈 것 같은 공황상태를 느낀다. 아빠의 사고가 물과 관련 있기에 두려움이 클 수도 있을 것 같다. 그림을 그리며 깊게 표현하고 싶었다. 여러 번 덧칠한 것은 햇볕 근처에는 얼씬도 하지 않겠다는 굳은 의지가 드러난 것 같다. 물감을 칠한 후 마르면 또 칠하길 반복해서 시간이 오래 걸렸다. 깊이를 알 수 없도록 표현하기 위해 짙은 색을 섞어 계속 덧칠했다.

내가 통제를 할 수 없을 때 인간의 유한함에 절망을 느낀다. 알고 보니 사고와 죽음에 대해서도 나는 공포를 느끼고 있었다. 내 주변인들이 사고로 인해 한순간 사라질까 봐 무섭다. 어쩌면 나의 공포의 근원은 죽음인 것 같다. 대문을 열어 둔 것은 "아닐 거야."라고 되뇌던 내 마음이 시킨 회피 반응은 아니었을까? "봐~ 열어 둬도 아무 일 없잖아." 확인하고 공포를 잠재우는 주문 같은 것?

우리가 '너구리보살'과 나누었던 이야기

"그림에 빨려 들어갈 것 같고 깊은 우물 속에서 물귀신이 잡아당기고 있다는 그런 느낌이 든다."

"에너지가 어마어마하게 느껴진다. 뭔가 우주 같기도 하다."

"블랙홀과는 조금 다르게 느껴진다. 오늘 아침에 나사가 제임스 웹 우주 망원경으로 찍은 사진을 최초로 전 세계에 공개를 했는데 그 사진 중에 하나인 것 같다."

별 하나가 죽으면 에너지가 나오잖아요. 죽으면서 나오는 그 거대한 에너지가 이렇게 표현되는 것 같다."

"빨아들이는 것 같기도 하고 토해 내는 것 같기도 하다. 안으로 끌려가는 기분이 든다."

"눈동자 같다는 생각이 들고, 영화의 한 장면이 떠오른다. 저 깊은 검정색에 누군가 빠지고 내 눈동자를 쳐다보고 있는 것 같다. 저 까만 중앙에 내 눈동자가 비춰지는 듯한 이미지가 상상이 되어서 무섭다는 생각이 들었다."

"다른 세계로 가는 통로인 것 같다."

"내가 알 수 없는 세계로의 이끌림이 느껴진다. 그래서 두렵다. 하지만 좀 궁금하면서도 호기심은 일어난다. 나(꿈쟁이주비건)의 '슬픔 그림'과 비슷하게 느껴졌다. '슬픔 개인 그림'에 대한 글이 슬픔의 우물이었다. 우물 이야기가 나와서 공감이 갔다. 내 그림을 위에서 내려다보았을 때와 같은 느낌이었고, 캠퍼스의 뒷면에 그렸던 그림의 색깔 조합

과도 굉장히 비슷했다.”

“죽음의 두려움을 알고 있기에 저기 갇혀 버린 너구리보살.”

내가 나에게…

“나에게 가장 공포로 다가오는 것이 무엇인지 이제는 답할 수 있을까?”

“여러 가지 감정과 연결되어 있는 아빠의 죽음, 그 끝은 무엇인지 궁금하다.”

“사후 세계에 대한 공포가 나에게 정말 존재하는 것일까?”

당신은 '너구리보살'에게 해 주고 싶은 말이 있나요?

_____

_____

_____

_____

'별별요정'이 들려주는 공포 그림 이야기

초등학생 때 나의 집은 주택이었다.

여느 날과 다를 바 없이 문단속을 하고, 밤의 고요한 시간을 즐기고 있었다.

뭔가가 이상하다. 공기의 흐름이 바뀐 거 같다.

밤공기가 유난히 무겁게 내려앉았다.

벌레 소리조차 나지 않고, 주위가 고요하다 못해 소리가 사라진 듯 적막하다.

내가 좋아하던 차분한 고요가 사라졌다.

언니들과 함께 쓰던 방은 외부로 통하는 문과 창문이 있었다.

나도 모르게 살금살금 그 문 쪽으로 걸어가 바깥 소리에 귀를 기울였다. 본능적으로 문을 조용하게 잠갔다.

문 잠그는 소리가 나지 않게 아~주 느리게 아~주 천~천히 말이다. 시간마저 어그러져 그 몇 초 몇 분이 아주 길게 느껴졌다.

살짝 문에서 떨어져 호신용으로 쓰일 만한 것을 조용히 집어 들었다.

그리고는 손바닥만큼 열린 창문 너머를 조심스럽게 지켜봤다.

하….

그때 마주친 어둠 속 사람의 눈빛….

그날 밤 우리 집 담을 넘어와 창문 앞을 기웃대던 낯선 사람이 무서웠다.

버스에서 초등학생인 내 몸을 만지고, 나를 따라오던 할아버지가 무서웠다. 많은 행인들 덕에 용기 내어 "따라오지 마요."라고 소리 질렀지만, 그럼에도 불구하고 나를 쫓아올까 봐 무서웠다.

말끝에 칼을 두고 찔러 대는 사람이 무서웠다.

사람이 무섭다. 사람의 잔인함이 무섭다. 타인의 고통을 느끼지 못하는 마음이 무섭다.

모른다는 이유의 무지함이 무섭다.

자연도 무섭다. 지금 변화하고 있는 지구의 모습이 무섭다. 햇볕이 따갑게 내리쬐어 땅을 녹이고, 냉랭하게 땅을 얼어붙고, 숨쉬기조차 어렵게 자연이 메말라가고 땅이 흔들리는 예측 불가능함이 무섭다.

사람이 무섭다고 생각했는데 이렇게 나열하고 보니 무서운 게 참 많네.

내 몸이 무서움에 오돌오돌 떨린다. 으스스하다. 한기가 든다. 심장이 벌렁벌렁댄다. 몸이 뻣뻣해지고 굳는다.

내 머리는 아무런 생각도 떠오르지 않고 멈춘다. 하얘진다. 하얗게 얼어붙는다.

내 감정도 차갑게 식는다. 붉게 불탄다. 김게 변한다.

오싹한 공기(2022)
드로잉북에 오일파스텔, 나무젓가락. 21cm×29.7cm

그날 밤의 공기는 빨갛기도 파랗기도 희끄무레하기도 까맣기도 하다. 오일파스텔로 표현하면서도 맘에 들지 않는다. 이것만으로는 그 밤의 두려움과 무서움이 다 표현되지 않는다. 내 피부를 찌르는 듯한 뾰족뾰족하고 섬뜩한 그때의 날카로운 공기가 가시가 되어 나를 공격하는 그 느낌을 나무젓가락 하나를 집어 들고 그림을 그어 나가기 시작하니 비로소 공기가 나를 공격해 오는 그 느낌이 살아났다.

우리가 '별별요정'과 나누었던 이야기

"무섭다. 무섭다. 무섭다….' 하는 반복된 표현들이 나를 그림 속으로 끌고 들어가 검은색 안에 갇히게 한다."

"무서워서 굳어 버린 상처 밑의 꾸덕꾸덕해진 피딱지 같다."

"불꽃이 타닥타닥 튀어 타들어 가는 느낌이 든다."

"살짝 굳은 용암 같다. 그 아래는 아주 뜨거운 용암이 있어 어디를 밟아도 용암 속으로 빠져 들어갈 거 같다. 어디도 발 디딜 곳 없는 무시무시한 용암 밭이 무섭다."

"창문 사이로 그 눈빛을 함께 본 느낌이다. 오늘 밤 잠은 다 잤다."

내가 나에게…

"사람이 무섭다. 사람을 상처 입히는 것도, 자연을 몸서리치게 하는 것도 결국은 사람이다."

당신은 '별별요정'에게 해 주고 싶은 말이 있나요?

_____

_____

_____

_____

'돌삐'가 들려주는 공포 그림 이야기

나는 잘 놀라는 편이다. 분명 집에 가족이 있다는 것을 알면서도 발걸음 소리 없이 내 곁에 다가오면 소스라치게 놀라서 소리를 지른다. 그러면 가족이 오히려 무안해하고, 미안해한다. 그래서일까? 공포물을 제일 싫어한다. 예기치 못한 상황에서 갑자기 놀라게 하는 공포물의 전형적인 기법을 익히 알면서도, 불을 켜 놓고 소리를 줄여서 보는 공포 영화에 매번 심장이 목구멍으로 튀어나올 것만 같다. 그래서 웬만하면 공포물은 원천 봉쇄하는 편이다.

그런데 신기하게도 괴물의 모습이 공개되거나, 범인을 알게 된 뒤부터는 처음 느끼는 공포보다 한결 시청하기 수월해지고 긴장이 떨어진다. 그리고 결말을 예측하는 여유도 생긴다.

공포의 사전적 의미는 '두렵고 무서움'이다. 두려움과 무서움이 한꺼번에 닥치는 감정인 것이다. 여기에 두려움과 무서움의 주체를 예측하지 못하는 상황이었다면 공포의 감정은 배가 될 것이다. 반대로, 두려움과 무서움의 주체를 알면, 대응할 수 있게 되고 공포의 감정을 충분히 진정시킬 수 있다는 것이다.

내가 삶에서 공포를 느낀 경험은 늦은 밤 귀가하던 중 나를 따라오는 남자의 발걸음 소리에서였다. 뒤따라오는 남자의 발걸음 소리만 들을 때는 심장이 터질 듯 무서움과 두려움을 느끼지만, 용기를 내어 고개를 돌려 남자의 얼굴을 보는 순간 내게 위해를 가할 남자인지, 우연히 같은 길을 걸어가는 남자인지, 상황 판단이 서게 된다. 스스로 대응할 마음의 준비가 된 것이다.

〈커튼〉은 두려움과 무서움의 주체를 알지 못하는 상황에서 공포는

커튼(2022)
8절 도화지에 비아르쿠(수성흑연), 흑연. 27cm×39.4cm

극대화된다는 의미에서 커튼 속에 숨어 있는 사람들로 표현해 봤다. 바닥이 보이지도 않을 만큼, 높낮이가 각기 다른 끝없는 커튼이 겹겹이 늘어져 있다. 커튼 속 사람들이 진짜 위험한 괴한인지? 장난치는 지인 인지? 커튼을 열어 볼 용기가 필요하다.

우리가 '돌삐'와 나누었던 이야기

"겹겹이 있는 커튼이 걷어 내도 또 있을 것 같아 더 무섭게 느껴진다. 끝날 것 같으면서도 끝나지 않는 공포가 느껴진다. 그림에서 커튼의 소리가 느껴지는 듯하다. 사각~사각~."

"공포 영화가 시작할 때 무대 같은 느낌이 든다."

"커튼의 색상이 우리나라 무속의 색상이나 오방색(녹-흰-노-빨-파)을 연상하게 한다."

"알 수 없고, 예측할 수 없고, 모른다는 것에서 오는 두려움과 공포가 참 크다. 통제하지 못하는 나의 욕구에 의한 것일까? 인간인 나의 유한 함을 느끼게 해 주는 절망감일까?"

"알록달록한 색상 표현이 왜 무섭다고 하는지 이해되지 않았지만, 숨어 있는 존재를 알게 된 순간 무서웠다."

"공포를 내가 만들어 가는 것은 아닐까?"

내가 나에게…

〈커튼〉 작품을 그릴 때 예측할 수 없는 공포를 생각했다. 마치 미로 속에 빠져 헤매다 보면 알 수 없는 두려움과 무서움에 벌벌 떨며 자신을 옥죄는 감정이 공포이지 않을까 생각했었다.

〈커튼〉 작품의 의도를 정확하게 알아주는 그들을 통해 오히려 '나만 그런 것이 아니구나.' 하는 위로를 얻는다.

공포를 만들어 내는 주체자도, 공포를 용기로 바꿀 수 있는 주체자도 유일무이하게 바로 나임을 깨닫게 된다.

당신은 '돌삐'에게 해 주고 싶은 말이 있나요?

_____

_____

_____

_____

'소피아'가 들려주는 공포 그림 이야기

'해' 아래서 산을 바라보는 걸 좋아한다. 초록색들이 반짝거리며 싱그러운 소리와 냄새가 가득한 산의 모습에서 편안함과 가슴 벅참을 느끼곤 한다. 햇빛 아래 있는 산은 넉넉해 보이고 많은 것들을 품고 있다가 필요한 것을 찾는 이에게 아낌없이 주는 좋은 엄마같이 보인다.

마치 나를 보호해 주고 살게 해 주는 듯해서 색깔이 드러난 산은 무섭지 않다. 바라보고만 있어도 좋다.

그러나 해가 사라진 어두운 산은 머리를 쭈뼛하게 만들고 심장의 소리를 크게 키운다. 어둠의 옷을 입은 산, 아무것도 보이지 않고 숨겨져 있던 무언가가 예고도 없이 불쑥 튀어나와 나를 헤치고 겁먹게 하고 두렵게 하는 것 같다.

밝은 곳에서 볼 수 있었던 산과는 확연히 다른 모습의 검은 산은 예측할 수 없는 불안을 더욱더 강하게 키운다. 그래서 어두운 산을 볼 때마다 뭔지 모를 공포를 느낀다. 무서운 일이 벌어질 것만 같다. 빛이 없는 검은 산속에 갇혀 죽을 것 같다.

검은 산은 불안하고 불행했던 암울한 나의 인생 조각을 마주하게 한다. 그때 느꼈던 불행감, 아무것도 할 수 없었던 무력감, 혼자 있는 외로움, 곁에 없던 부모님, 따뜻한 햇볕 같던 엄마의 상반된 어둠을 마주하고 있는 것 같아서 그렇게 두려운지도 모른다. 세상이 마치 나를 그렇게 대하는 듯해서, 갈 곳을 찾지 못한 막막함 속에서 해 뜨기만을 막연히 기다리던 그때의 시간이 스멀스멀 다가오는 듯하다.

검은 산(2022)
화선지에 수채화 물감. 39.3cm×54.5cm

내 삶에 중요한 대상들과 갑작스럽게 다가오는 이별과 슬픔은 나에게 있어서 너무나 큰 두려움이자 공포이다. 사랑하는 사람들의 숨결을 더는 느낄 수 없다는 것은 마치 큰 형벌처럼 느껴진다. 어릴 때 아버지의 죽음이 그 당시에는 두려움으로 다가오지 않았으나 나이가 들어감에 따라 이 세상에서 우리 가족을 지켜 줄 커다란 울타리가 존재하지 않는다는 것은 어둡게 숨겨진 공포로 마음에 새겨졌다.

나는 누군가와 관계를 맺고 그들과 마음을 나눌 때 살아 있음과 삶의 기쁨을 느끼기 때문에, 이별은 생각만 해도 슬프고 이 슬픔이 지속될까 봐 두렵고 혼자 남겨질까 봐 공포를 느낀다.

나의 일상과 내면의 평안한 상태가 갑자기 외부의 어떤 환경으로 인해 깨어지고 내가 통제할 수 없을 때, 마음의 준비도 되어 있지 않은 상태에서 맞이하게 되는 가까운 이들의 죽음이 그렇다.

평온한 일상을 송두리째 앗아가는 죽음의 그림자는 인간으로서 어찌할 수 없는 영역이기에 죽음이라는 단어만으로도 느껴지는 두려움이 있다.

이 두려움은 어쩌면 인간의 유한함을 잊고 살아가는 나의 교만함을 일깨워 주고 인간의 위치를 깨닫게 해 주는 고마운 감정일지도 모른다고 생각하면서도, 느껴 보고 싶지 않은 회피하고 싶은 감정이다.

어린 시절부터 끊이지 않고 경험했던 장례식에서의 슬픔은 자라오는 동안 어느새 내 안에 두려움과 불안의 깊은 골짜기가 되었고, 행복한 일상을 느끼고 있을 때 불현듯 쏟아지는 공포의 소나기가 되었다.

그래서 결혼하고 나의 안전한 대상인 남편과 관계를 맺고 가정을 꾸리며, 사랑하는 두 아이와 살아가는 지금의 일상이 죽음으로 인해 깨어질 수도 있다는 생각이 들 때면 두려움과 공포가 뿌리를 내리고 불안의 감정이 쉴 새 없이 뻗어나가 어두운 나무를 만들어 내고 숲을 이룬다.

공포로 가득했던 그 시절의 검은 산을 넘어온 지금도 다시 그때의 시간을 떠올리면 두려움과 공포의 감정이 올라온다.

다시는 그 어둠의 산을 마주하고 싶지 않고 경험하고 싶지 않다. 지금 여기의 이 순간 이 삶이 좋으니 혹시나 그런 산을 만나게 되면 또 겪을지도 모르는 지독한 외로움과 불안감이 나를 공포스럽게 만든다. 그래서 어둠으로 싸인 산을 바라볼 때면 저 밑바닥에서 두려움과 공포가 올라온다.

우리가 '소피아'와 나누었던 이야기

우리가 느끼는 공포감을 소피아 그림에서도 함께 느끼고 연상되는 장면과 작품들을 풀어놓았다.

우리가 함께 만난 공포의 자리에서 또다시 혼자가 아니라서 위안이 되었다.

내가 나에게…

과거의 경험들이 주었던 공포가 아직 오지 않은 시간에 투사되어 환상을 만들어 내고 있는 것은 아닐까….

당신은 '소피아'에게 해 주고 싶은 말이 있나요?

어떤 행성의 이야기가 나의 이야기와 닮아 있나요?
떠오른 기억이나 느껴지는 감정이 있나요?

2장

6개 행성 우리 모두, '공포', 그림으로 연결되다

시작하면서

우리들 각자의 작품에 표현했던 '공포'를 모두 모아 그려 보기로 한다.

칠흑 같은 어둠, 캄캄한 산, 깊이를 알 수 없는 물속, 앞을 내다볼 수 없을 정도의 안개, 뭐가 있을지 모를 미지의 것에 대한 두려움, 실체가 없음에도 내가 만들어 낸 공포, 사람들이 만들어 내는 소문의 고통….

그려 보자.

우리가 느낄 법한 극한의 공포를 표현해 보자.

칠흑 같은 사(死)의 공포

"어린 시절 이불을 뒤집어쓴 채 눈만 살짝 내고 보던 추억의 드라마 '전설의 고향'이 떠오른다."

〈그림 1〉 사(死)의 공포(2022)
전지에 먹, 목탄, 비아르쿠. 63.6cm×93.9cm

"뾰족하게 솟은 칠흑 같은 어둠을 품은 산봉우리와 검은 강은 죽음이 지나가는 길을 보여 주는 듯 내 마음을 무겁게, 음울하게 가라앉힌다."

"들어가기만 해도 무슨 일이 생길 것만 같고, 들어가면 안 될 것 같은 기분이 드는 극강(極強)의 공포감이 느껴진다."

"강 안에 죽은 시체가 떠다니고, 귀신이 둥둥 떠다니며 나를 집어삼킬 듯 기회를 엿보는 거 같다."

"과연 저 끝을 알 수 없는, 회오리가 몰아치는, 검은 강을 건너 귀신과 괴물들이 가득한 산으로 들어갈 수 있을까?"

푸르고 붉은 생(生)의 공포

〈그림 2〉생(生)의 공포(2022)
전지에 먹, 목탄, 비아르쿠, 수채화 물감. 63.6cm×93.9cm

"더 무섭고 더 공포스럽게."

"압도적인 태평양 심해 같은 깊고, 짙은 강의 푸른색과 생채기와 상흔을 남기며 피부를 찌를 듯한 고통의 핏빛 같은 붉은색이 대조를 이룬다."

"붉은색과 푸른색이 더해져 공포와 스산함이 배가 되어 오히려 생의 본능을 깨운다. 마치 정맥과 동맥이 산의 맥과 바다로 흘러 새로운 생명이 단생하는 느낌이다."

"본능적으로 살고자 하는 욕망으로 인간은 자연 앞에 두려움을 느끼나 보다. 결국 공포는 우리가 살아 있음에 느끼는 삶의 증거가 아닐까."

매체가 주는 즐거움

바아르쿠와 먹을 오가다. 공포가 주는 압도감은 아주 낮은 채도와 명도, 그리고 끈적하고 무거운 질감일 거 같다. 진하고 강한 인상을 표현하기에 비아르쿠의 검정은 부족하다. 묵직한 먹의 검정을 더했으나 이 또한 부족하다. 소프트 파스텔로 더 진하게, 더 깊게, 더, 더, 더 색을 올려 보지만 새까만 압축목탄의 색과 질감이 아쉽다. 내 마음을 제대로 표현해 줄 매체가 필요하다.

작업 및 활동 과정의 기록

"우리들의 주문에 맞추어 높고 뾰족한 산의 형태를 황금 손을 가진 그녀가 그려 나간다. 그녀를 시작으로 우리는 먹으로, 비아르쿠로, 소프트 파스텔로 짙고 짙은 산, 강, 공기를 더한다."

"어두운 산이 완성이 되어 갈수록 두려움의 감정 또한 스멀스멀 살아난다. 두려움이 호흡과 함께 내 안을 휩쓸고 지나간다."

"말소리는 온데간데없고 스윽스윽 화지 위를 움직이는 까끌한 매체들의 소리와 우리의 숨소리만이 들린다. 왠지 모를 위안을 받는다. 혼자가 아닌 우리가 함께 임이 다행이다."

"완성된 작품 덕에 나와 내 안의 두려움 사이에 거리가 생겨났다. 담담하게 공포를 바라보는 내가 있다."

네 번째 만나는 감정
'불안'

'꿈쟁이주비건'이 들려주는 불안 그림 이야기

가리워진 길[7]

유재하

보일 듯 말듯 가물거리는

안개 속에 쌓인 길

잡힐 듯 말 듯 멀어져 가는

무지개와 같은 길

그 어디에서 날 기다리는지

둘러 보아도 찾을 수 없네

그대여 힘이 되주오

나에게 주어진 길

찾을 수 있도록

그대여 길을 터주오

가리워진 나의 길

---

7)   유재하, 『사랑하기 때문에』, ㈜서울음반, 1987.

내가 감정에 이름을 붙이고 인식하기 시작한 건 그리 오래되지 않았다. '그냥 기분이 그런 거지.' 하면서 넘겨 버렸고, 그런 식으로 감정을 소외시킨 채 오랜 세월을 살았다. 어쩌면 뚜렷한 원인 없이 생기는 불쾌하고 모호한 두려움 등으로 표현되는 '불안'은 내겐 친숙한 녀석일지도 모른다. 대학 입학시험을 칠 때 나는 문제지에 있는 글씨들을 눈으로 보면서 이해가 되지 않는 기이한 현상을 경험했고, 대학교 4학년 때는 녹내장 진단을 받게 되면서 큰 심리적 위기를 겪게 되었다. 그런 일련의 사건들로 인해 나는 말 그대로 앞이 캄캄해지며 삶에서 웃음이 사라지는 건조함을 온몸으로 느꼈다. 그러면서도 그 감정의 이름은 알지 못했었다. 넌 누구길래 이렇게도 나를 힘들게 하니? 내 안의 모든 기능이 평소와는 다른 시스템으로 돌아가거나 정지 혹은 비상등을 켰다. 손끝은 찌릿찌릿하며 말초 신경이 꿈틀거렸고, 소화기관이 음식물을 거부하면서 쓴 액이 올라와 속 쓰림이 느껴져도 아무것도 못 먹는 상태! 극도의 불안! 앞이 보이지 않아! 그냥 모든 걸 관두고 싶은 상태!

그 후 석사 과정 때도 불안장애를 겪었다. 번아웃 상태에서 풀타임으로 일반대학원을 다니는 게 나로서는 몸과 마음에 큰 무리를 주는 일이었고, 결국 나는 살기 위해 올스탑을 외치게 되었다. 조금씩 몸의 긴장이 풀려 갔다. 그리고 나서야 흐르던 눈물이 줄어들고, 목구멍에 밥이 조금씩 넘어가게 되었다. 〈그림 1〉에서처럼 흑백이던 세상에 컬러가 살아나기 시작하였다. 당시 반복되는 불안한 생각으로 힘들어하던 나

를 구제해 주었던 건 항상 내 주변의 가족들이었고, 가족 같은 친구들
이었다.

〈그림 1〉 불안, 드리우다(2022)
종이에 오일파스텔. 21cm×29.7cm

〈그림 2〉 불안과 초조(2021)
한지에 수채. 39.4m×54.5cm

〈그림 3〉 길(2021)

종이에 파스텔. 21cm×29.7cm

　〈그림 3〉에서의 길은 바로 내가 석사 논문 작업 할 때 꿨던 꿈속 장소이다. 오른쪽 상단에 희미하게 빛이 보이긴 하지만 길은 검은색으로 가려져 앞이 보이지 않는다. 외부로부터 나에게 다가오는 불안의 모습이다. 꿈속에서 그 길을 석사 동기와 걷는데 동기가 옆길 낭떠러지로 떨어지려는 게 아닌가! 그래서 나는 그 동기의 팔을 붙잡아 다시 서게 하고 저 멀리 보이는 불빛을 손으로 가리키며 계속 함께 길을 갔었다. 전반적인 그 당시의 불안한 마음이 무의식에 반영된 거라 생각한다. 꿈속에선 내가 동기를 붙잡고 용기를 주었지만, 현실에서는 내가 겪고 있는 불안의 신호를 알아차려 주고 그 어둠 속 길을 같이 걸어 주던 가족, 친구들이 있었다. 그렇기에 오늘의 내가 있고, 앞으로의 내가 있을 것이다. 내게는 그렇게 사람이 답이고 빛이고 사랑이다. 지금의 나는

그 불안의 길을 걸으며 잘 견뎌 준 나 자신이 자랑스럽고 대견하다.

〈그림 1, 2〉에서는 불안을 느꼈을 때의 내가 바라보는 세상〈그림 1〉과 몸의 상태〈그림 1, 2〉를 표현해 보았다. 〈그림 2〉의 빨간색의 삐침은 초조함과 예민함을 표현한 것이고, 그러한 붉은색을 감싸는 검은색은 무겁고 어두운 기분과 신체 상태를 나타낸 것이다. 중간에 구불구불한 노란색 지렁이 같은 모양은 불안이 엄습할 때 울렁거리는 배 속을 표현한 것이다. 영어에서는 배 속에 나비들이 있다고 하는데, 내게는 그것이 지렁이가 움직이거나 뱃멀미를 하는 느낌이다. 나는 불안이 느껴지면 손끝이 찌릿찌릿하고 저린 느낌이 들고, 발끝도 불편해진다. 불안과 초조함에 대한 신체적 느낌이 찌릿찌릿한 말단부의 불편감과 속의 메스꺼움으로 나타난다. 그 색은 내게 빨강과 노랑으로 느껴진다. 특히 노란색은 구토할 때 혹은 신물이 넘어올 때의 그 쓴 느낌이다. 침을 삼키며 이 순간 그 기분을 떠올려 본다. 살아가면 또 만나게 될 감정이기에 익숙하게 맞이하기 위해 다시금 그 녀석을 그려 본다. 정말 쓰다!

불안에는 양면성이 있는 것 같다. 지금까지의 삶을 돌이켜보면 내게 있어 불안은 어떤 일에 있어서 한 단계 나아가려 할 때 늘 함께했던 감정이었고, 그 단계를 불안과 함께 넘고 나면 또 다른 감정, 예를 들면 뿌듯함, 성취감 등의 긍정적 감정이 보상으로 남았었다. 그 불편한 에너지 안에는 엄청난 파워가 있어서 긍정적으로 잘만 조절하면 좋은 변화를 가져오는 놀라운 자원이라는 생각이 든다.

우리가 '꿈쟁이주비건'과 나누었던 이야기

"공포의 연기가 걷히고 난 뒤의 감정이 '불안'이라는 이름으로 그려진 듯…."

"그림 속의 캄캄한 길에 달이 있어서 어둠 속을 걸을 수 있는 것처럼, 어두운 불안과 밝은 희망이 함께 공존하기에 살아갈 수 있는 것 같다."

"예쁜 들판에 토네이도가 느껴진다."

"움직임과 멈춰 있는 것이 동시에 대비되고 있다는 느낌을 받았다."

내가 나에게…

쉼 없이 변화하는 세상 속에서 온전한 '나'를 지키며 살아가려는 모습에는 언제나 불안이 존재한다. "오늘도 안녕. 나의 불안아!"

당신은 '꿈쟁이주비건'에게 해 주고 싶은 말이 있나요?

_____

_____

_____

_____

'안방마님'이 들려주는 불안 그림 이야기

새로운 시도는 설렘과 기대가 있다. 반면에 두려움 또한 다가오게 된다.

수년간 노력하고 기회를 잡고자 했던 일, 미술치료를 처음 시작하게 되었던 날, 그토록 염원하고 기다려 왔고 꿈꾸어 왔던 첫 상담을 앞둔 밤. 설렘은 두려움이 되었다.

상담을 시작하기 전, 이것저것 준비하면서 '과연 내가 잘 할 수 있을까? 내담자가 나의 상담을 실망하면 어떡하지? 프로그램에 재미없어 한다면? 이 일이 나에게 과연 맞는 일일까?' 하는 생각까지 들게 되었다.

불안한 마음에 이런저런 생각이 들 때에는 쉽게 잠을 이룰 수가 없다. 나는 검은 바다에서 헤매고 있는 상황인 것 같다. 걱정과 고민이 많아지면서 꿈에서조차 실수하는 모습을 본다.

완벽하고 싶었던 욕심에서 시작한 첫 상담은 순조롭게 우려한 일 없이 흘러갔다.

언제부터인지 잘 모르겠다. 첫 등교, 첫 상담, 첫 만남, 처음 시작하게 되는 일 앞에서 두려워하는 나의 모습을 보게 된다. 처음부터 '잘'하고 싶은 욕심 때문에, 나의 마음은 어둡고 캄캄한 밤. 풍랑이 어디로 향할지 모르는 바다 같다.

검은 바다는 잘하는 모습을 유지해야 하는 나의 모습, 무너지지 않는 나의 모습, 내가 만족하는 나의 모습과 닮았다. '잘'해야 하고 '잘'하고

검은 바다(2022)
도화지에 수채물감. 비아르쿠. 27.5cm×36cm

싶은 나의 욕심들로 바다가 검게 물들었다.

우리가 '안방마님'과 나누었던 이야기

"불안한 감정을 표현한 그림이 아름다우면서도 매력적이다. 불안한 감정 때문에 앞으로 나아갈 수 있듯이, 불안한 감정이 매력적으로 느껴질 수도 있을 것 같다."

"불안한 마음을 표현한 그림이지만, 바다에 빛들이 반짝반짝하게 비춰 보여 아름다워 보인다."

"타인에 대해 과도한 배려심에서 나오는 불안감이 있는 것 같다. 타인을 위한 그 배려심을 조금이나마 지워도 괜찮을 것 같다는 생각이 든다."

내가 나에게…

누구나 처음 시작하게 된다면, 잘해 내는 사람도 있는 반면 해내지 못하는 이도 분명 있을 것이다. 타인에게 관대한 마음을 가지듯 나 스스로에게도 관대함이 필요한 것 같다.

당신은 '안방마님'에게 해 주고 싶은 말이 있나요?

_____

_____

_____

_____

'너구리보살'이 들려주는 불안 그림 이야기

최근에 불안하고 초조하게 다가온 것은 무엇인가? 무엇이 나를 불안하고 초조하게 만들었는가?

박사 학기 과정 중 과제가 밀리고, 강의를 준비하며 하루하루가 매우 빠르게 지나가고 있음을 느낀다. 매 학기, 각 과목마다 발표가 있고, 그것이 다가올 때면 일주일 내내 깊은 잠을 자지 못하고, 자는 내내 꿈을 꾸고, 깨어 있어도 현재를 살아가지 못한다. 아이들 밥상을 차리면서 계속 그 걱정을 하고 있는 나를 발견한다. 그럴 때마다 내 눈동자는 쉴 새 없이 움직이고, 손바닥은 촉촉하며, 아이들의 목소리가 소음으로 들리며 내가 예민하게 반응한다. 불안함을 온 몸으로 표현하고 있는 것이다. 더불어 초조함이 따라온다. 컴퓨터 앞에 앉아서 수시로 시계를 확인하고 마감 시간이 촉박해지면 온몸에 식은땀이 맺혀 있는 것을 발견한다. 겨드랑이와 사타구니, 맞닿아 있는 곳은 다 젖어 있다. 불안에 내 몸이 얼마나 혹사당하고 있는 것은 땀으로 확인할 수 있다.

불안하거나 초조할 때면 숨을 쉬기 힘든데, 그것이 더 큰 불안감으로 나를 엄습한다. 불안이 과해 두려움이 되고 두려움이 무서워 더 불안해지는 결과가 오지는 않을까 불길한 상상을 하곤 한다. 그리고 '공황장애가 이런 것인가?' 하는 생각도 해 본다. 감정을 주제로 그림을 그릴 때 감정 단어를 여러 번 중얼거리며 단어의 감정이 내 마음에 느껴지도록 했다. '어떤 상황에서 나는 가장 불안하고 초조한가…. 과제…. 그다음은 없나? 그래! 약속!'

연결(2022)
도화지에 오일파스텔, 마끈. 27.2cm×39.4cm

그래 약속 시간이 다가오면 난 불안하다. 어쩌면 약속이라는 큰 범주 안에 과제라는 것도 들어간다. 불안, 초조라는 난어를 생각하다 보니

'책임을 다 해야 하는 일에 난 왜 이렇게 큰 짐을 안고 대하는가?'라는 생각까지 미쳤다.

예전부터 맏이라는 것이 나에겐 큰 부담으로 다가왔다. 어른들은 이야기했다. "네가 맏이니까 잘돼야 해. 그래야 네 동생들이 너를 본받지."라는 말을 누구라 할 것 없이 기정사실화된 것처럼 너무 자주 이야기를 했다.

어릴 때 스며들었던 교육의 힘은 엄청나게 컸다. 그들이 원하는 만큼 되기 위해 항상 불안했다. 그들이 원하는 것을 직접 들어본 적이 없으니 기준은 내가 정했다. 기준은 모호했고, 그 기준에 미치듯, 못 미치듯 항상 불안했다. 기준에 미치기 위해 내가 죽어라 노력한 것은 온데간데없어졌고 결과의 평가에 따라 죄책감을 느끼는 것은 나의 몫이었다.

또 하나, 나의 불안 밑에는 두려움이 있었다. 남편이 아빠처럼 갑자기 세상을 떠날까 봐 하는 두려움. 부재…. 나의 신체가 건강하지 못하다고 느낄 때 '부재'와 연결된다.

큰 싱크홀이 내 몸을 관통하는 기분이 들었다. 강한 실이 나를 옭아매고 피가 통하지 않는 느낌으로 표현하고 있었다. 피가 다 빠져나가고 피가 거의 남아 있지 않은 느낌으로 표현하고 싶었다. 싱크홀을 먼저 표현을 했다. 진한 색, 더 깊은 구멍을 표현할 수 있는 그런 색을 골랐다. 진하게 표현한 후, 내 심장이 쪼이는 것을 표현하고 싶었다. 심장이 쪼그라드는 느낌, 누군가가 꽉 묶어서 심장이 서서히 사라지는 느낌이 든다.

얼마 전 받은 건강검진 결과표에 콜레스테롤 혈증, 갑상선 결절, 자궁 선근증, 폐비결핵성질환 등 참 병명도 많았다. 기존에 이미 진단받은 디스크까지 보태면 참으로 많다. 예민해지기 시작한다. 나의 병은 가정을 책임지지 못하면 안 된다는 불안함으로 바뀌어 나를 옥죈다. 멍해지며 다른 사람들의 말이 다 귀찮게 느껴지고 짜증난다. 웃음을 잃어버려야겠다고 다짐한 듯 무표정이 되어 간다. 자꾸 안으로 빨려 들어간다. 옥죄는 느낌이 들고 혈관을 타고 독약이 흘러 손끝, 발끝이 타들어 가는 느낌이 든다. 건강을 돌보는 시간에 비해 결과는 혹독하니 화가 나고 더 큰 병이 아닐지 하는 불안함에 공황상태가 된다.

작업을 하며 막 구기고 찢고 싶은데, 용기가 나지 않는다. 끈으로 챙챙 묶어도 보고 싶은데, 불안해서 만지고 싶지 않다. 내 마음이 까맣게 타들어 가는 것을 나타내기 위해 오일파스텔을 선택했는데, 오일파스텔은 딱딱해서 질퍽하게 표현되는 것이 어렵다. 질퍽하게 올라가지 않는 재료는 나의 불안을 심화시킨다. 뾰족한 도구로 생채기를 내어 그림으로 자해한다. 시원하다.

우리가 '너구리보살'과 나누었던 이야기

"불안을 표현하기에 하얀 종이를 까맣게 만들 정도의 에너지가 필요했다니…. 시원한 마음이 느껴지며 동시에 화가 난 느낌이다."

"온몸을 불사 지르며 열심히 살고 있다는 게 느껴진다. 에너지가 고갈되어 소진된 것을 매듭으로 에너지를 못 나가게 하는 것같이 보인다."

"자해하는 친구들의 마음을 조금 이해할 수 있었다."

"단순한 불안보다는 공포와 두려움이 더 느껴진다."

내가 나에게…

"나의 병들이 가족들에게 불편함을 주게 되는 게 화가 났다. 언제부터 이런 감정을 느꼈는가? 영향을 미치게 된 어떤 사건이 있는가?" 아프면 돌봄을 받아야 하는데, 내가 아픔으로 부재를 떠올리고 그것이 남겨진 가족들에게 미칠 영향으로 생각이 이어지는 비상식적이다.

"내가 노력한 만큼의 결과가 돌아오지 않았을 때 어떤 불안감이 있는가?"

"불안과 공포 두려움은 나에게 한 세트인가 봐."

당신은 '너구리보살'에게 해 주고 싶은 말이 있나요?

_____

_____

_____

_____

'별별요정'이 들려주는 불안 그림 이야기

불안(不安)

[명사]

1. 마음이 편하지 아니하고 조마조마함.

2. 분위기 따위가 술렁거리어 뒤숭숭함.

3. 몸이 편안하지 아니함.

내가 사람들에게 하는 인사는 "편안하길 바란다."이다.

어학사전의 '불안'과 나의 평소 인사를 이어 보니 '나의 삶이 늘 불안과 함께여서 편안을 찾았나?' 하는 생각이 든다.

나는 익숙한 일을 하고, 익숙한 음식을 먹고, 익숙한 사람을 만나고, 익숙한 곳에 가야 편안하다.

나는 새로운 일을 하고, 새로운 음식을 먹고, 새로운 사람을 만나고, 새로운 장소에 가기 위해서는 사전 준비가 필요하다.

꼼꼼하게 리뷰를 찾아보고, 일련의 과정들을 숙지해서 머릿속으로 시뮬레이션을 돌려본다. 그렇지 못한 상황에서는 '괜찮을 거야.'라며 내 마음을 다독일 시간이 필요하다.

내 불안은 모름에서 온다.

사전에 완벽하게 알고 싶다. 어떤 일이건 처음부터 능숙하고 싶다. 모르는 건 두렵고 불편하다. 완전하게 알아야지만 편안하다. 그런 내 마음속을 가만히 들여다보면 잘하고 싶은 내가 있다.

잘해서 인정받아야 하는데 오히려 내 몸은 얼어붙는다.

그러나 완전하게 알고 가는 삶이 있을 수 있나?

내 몸이 재빠르게 불안을 드러낸다. 몸이 굳고, 눈앞이 하얘지고, 식은땀이 난다. 생각들이 머릿속에서 뱅글뱅글 팽이처럼 돌다 작동을 멈춘다. 뇌가 멈춘다. 주인 잃은 입은 저절로 움직인다. 내 의지와 상관없다. 온 세상이 암전이 된 듯 깜깜하다. 세상이 멈춘다.

〈그림 1〉 얼음(2022)
드로잉북에 오일파스텔. 21cm×29.7cm

심장의 떨림이 주위로 퍼져 나간다.

그 에너지는 점점 날카롭게 변한다.

결국 완전해지고 싶은 내가 만들어 낸 불안이 나를 삼킨다.

‘완전’할 수 있나? ‘모든’ 일을 ‘잘’할 수 있나? ‘처음’부터 ‘능숙’할 수 있나? 삶을 ‘완벽’하게 통제할 수 있나?

없다.

세상에 완전한 건 없다고 받아들이자. 인정하는 순간 편해진다.

〈그림 2〉 불안한 심장(2021)
한지에 물감. 27.2cm×39.4cm

〈그림 3〉 찌릿찌릿(2022)
도화지에 파스텔. 27.2cm×39.4cm

내 몸에게 먼저 편안을 주자. 깊게 호흡하자.

불안 속에 갇혀 얼어붙은 나를 깨우자.

우리가 '별별요정'과 나누었던 이야기

"불안의 실체를 바라본 거 같아 이 아이 그림이 반갑게 느껴졌어요."

"잘하고 싶고, 사랑받고 싶은 우리의 마음이 아닐까요?"

"불안이 올라올 때마다 불안을 마주 보듯 이 까만 아이와 이야기를 나누었으면 좋겠어요."

"불안이라는 감정이 정리가 되어 에너지가 정리되고 그 모인 에너지가 힘 있게 퍼져 나가는 것 같아요."

내가 나에게…

내 불안의 실체를 만나고 나의 부족함을 알고 완벽하기를 바라는 욕심을 버리니 마음이 가볍다.

여전히 작은 떨림은 있지만 예전처럼 얼어붙지는 않는다.

당신은 '별별요정'에게 해 주고 싶은 말이 있나요?

_____

_____

_____

_____

'돌삐'가 들려주는 불안 그림 이야기

불안의 감정을 그림으로 그리려니 처음엔 막막했다.

나의 많은 불안을 어떻게 표현해야 할까? 가족의 건강, 아이들의 미래, 나의 꿈과 노후, 경제력, 인간관계, 사회관계 뭣하나 불안하지 않은 것이 없다. 늘 초조하고, 긴장되며, 헛된 희망인 줄 알면서도 예측할 수 없는 미래를 미리 알 수 있기를 바란다. 점집에, 사주팔자에, 종교에, 꿈 해몽에, 타로에, 운세에 의존하면서 말이다.

어디서부터 어디까지가 불안인지 알 수 없을 정도로 불안의 감정은 공기 속 먼지처럼 맴돈다.

불안은 내게 늘 존재했다. 마치 먼지처럼 늘 언제나 내 주변에 떠다녔다. 내 주변을 맴돌던 한낱 먼지가 무슨 이유에서인지 하나로 뭉치면 나는 먼지 더미에 쌓여 버린다. 쾌쾌한 먼지 더미 냄새에 숨이 막히고, 시야가 가려져 앞을 제대로 보지 못하고, 눈에라도 들어가면 따갑고 아팠다. 아무것도 집중할 수 없고, 우왕좌왕하게 된다. 그러다 어느 순간, 어느 생각에, 먼지 더미는 흔적도 없이 사라져 버리기도 한다.

여러 가지 미술 매체 사이에서 선택을 망설였다. 부드러운 오일파스텔, 수채화 물감에 손이 가다가 멈칫했다. 부드럽게 퍼지는 느낌을 이용해 무의식적으로 도화지 전체에 확 퍼트리고 싶었지만, 수정되지 않는다는 점에서 멈칫했다. 그림을 그리면서도 불안이 올라온 것이다. '잘못되면 어쩌지? 수정할 수 있어야 하는데.'라는 불안이 올라온 것이다. 좀처럼 떨어지지 않는 불안이다. 매체를 한참 쳐다보다 수정할 수 있는 친숙한 연필을 선택했다. 여차하면 지우개로 지워 버릴 심상이었다.

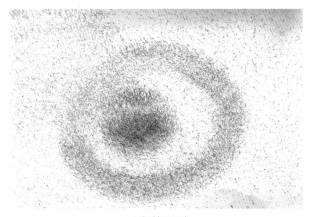

먼지(2022)
8절 스케치북에 B연필 8자루. 34.6cm×24cm

연필 한 자루로 선을 긋고, 그림을 그리는 것은 싫었다. 수많은 불안을 그리기에 성에 차지 않았다. 그래서 연필을 손에 쥘 수 있는 만큼 한 움큼 쥐고 도화지를 두드리듯 먼지를 표현했다. 두드리다 보니 신바람이 났다. 팔이 아플 만큼 한참을 두드려도 성에 차지 않아 힘들면서도 두드리고 있으니, 남편이 대신 두드려 주기도 했다. 한참을 두드리다 보니 자연스럽게 형태가 나타났다.

나를 뒤덮은 먼지 더미였다. 먼지 더미 너머로 또 생성되고 있는 먼지 고리와 먼지층이 보였다. 얼마나 많은 불안으로 가득한지 먼지가 그득했다.

종이를 가득 채운 먼지를 보면서 '과연 이 많은 불안은 어디서 오는지? 진짜 불안한 것이 맞는지? 불안이 불안을 만드는 것은 아닌지?' 그림을 통해 스스로 생각해 본다.

우리가 '돌삐'와 나누었던 이야기

"지우개 가루인 줄 알았다. 연필이라니 깜짝 놀랐다. 우주의 먼지 같기도 하고, 가슴처럼 보이기도 한다. 그림에서 방향성과 중심이 느껴진다."

"변태 작업(손으로 하나하나 표현한 작업을 장난스럽게 지칭하는 것임)이 놀랍다. 그림을 그리기 위해 하나하나 표현한 집요함이 불안일까? 마치 소멸하는 행성처럼 느껴진다."

"불안을 먼지로 표현한 것이 너무 마음이 좋았다. 불안이 먼지라면 후~ 불면 되고, 나중에 쌓이더라도 확 치우거나 닦으면 되니까. 별별요정이 말한(불안은 통계학적으로 97%가 일어날 수 없는 일에 대해 쓸데없이 걱정하고 있다고 설명하였다) 불안의 과학적 근거가 눈앞에 미술로 표현된 것 같다. 이런 마음이면 불안과 잘 살아갈 수 있을 것 같은 팁으로 느껴진다."

"중앙에 동그란 민들레 홀씨 바람에 흔들려서 날려가는 느낌이 든다. 여기저기 사방으로 퍼져 날아가는 느낌이다."

"처음에는 개미 떼 같이 보였는데 다시 보니까 정자, 난자처럼 보인다. 내면의 딸에 대한 동경이 표현된 것이 아닐까? 딸을 품고 싶은 염원이 젖으로 가득 차 유선에서 젖을 뿜어내는 모습으로 느껴진다."

나도 엄마의 젖가슴처럼 보인다. 물리학자(경희대 김상욱 교수, 〈유퀴즈-161화〉에서 양자역학에 대한 설명 내용)가 모든 세계가 원자로 구성되어 있고, 인간이 되는 것도 원자의 집합이다. 그래서 죽음이라는 것도 원자가 흩어져 어딘가 퍼져 있다가 기적적으로 만나서 생명이 되는 것이다. 우주뿐만 아니라 거의 모든 물체는 죽은 상태로 존재한다. 생명이 특이한 것은 인간과 동물만이 살아 있다. 그래서 죽음은 너무나 자연스러운 것이고, 자연스럽기에 죽음에 대한 불안이 줄어들었다고 말했다. 인간이 죽으면 먼지로 돌아간다는 의미에서 인간의 생명과 탄생과 그리고 죽음까지 다 '먼지' 그림 안에 들어가 있다고 느껴진다. 이 그림 하나로 인간의 생명과 죽음이 신비를 끄집어내는 철학적인 우리가 너무 대단하다.

내가 나에게…

아주 사소하고 작은 일에도 늘 염려와 불안을 달고 살아가는 나를 생각해 본다. 눈앞에 쌓인 먼지를 발견하고 불안이 늘 나와 함께 있는 먼지 같다는 단순한 생각에서 그린 그림에서 우주가 나오고, 행성이 나오고, 생명 탄생이 나오고, 삶과 죽음이 나오는 경이로운 시간을 가질 수 있었음에 놀랍고 재미있었다. 그들의 그림 해석과 사고 확장은 불안이 일시적인 감정에 그치지 않고, 자연스러운 삶의 현상이며, 우리가 살아 있음에 대한 반증임을 알려 주었다.

쾌쾌한 먼지 더미에 쌓여 폐로 먼지를 들이마시며 '언제 이 쾌쾌한 먼지 더미에서 벗어나나?' 원망하는 마음으로 불안을 바라보았다. 무한하게 고리를 만들며 또 뭉쳐지고 있는 먼지 더미를 벗어날 수 없다고 생각했었다. 그러나 그들은 한낱 먼지라면 후~ 하고 불면 되고, 쌓이면 닦아 내면 된다고 하였다. 이 얼마나 명쾌한 대처법인가?

불안은 공기와 같은 것이었다. 내가 살아 있으니 들이마셔야 하는 공기처럼, 살아 있으니 느껴지는 감각이다. 불안은 내가 살아 있다는 증거였다. 이제 불안이 나를 살리려 하는 감각이라는 것을 느끼자, 불안이 마치 내 안에 사는 친구 같다. 이 친구는 내가 태어나자마자 사귄 친구이고, 내가 죽을 때까지 곁을 떠나지 않고 나를 지켜 줄 친구이다.

당신은 '돌삐'에게 해 주고 싶은 말이 있나요?

'소피아'가 들려주는 불안 그림 이야기

불안이 만들어 낸 가면(2022)
종이가면에 수채물감. 39cm×26cm

사랑하는 이들을 잃을지도 모른다는 불안감은 늘 나와 함께한다. 이
불안감은 두려움에서 비롯되기도 했고, 두려움이 불안감으로 형태를

바꾸기도 한다.

나의 불안감의 출발은 두려움과 마찬가지로 죽음과 관계의 단절이다. 이 불안들은 마치 내 안의 어떤 에너지처럼 밖으로 뿜어져 나와서 나에게 방향을 가리킨다. 어디가 안전한 곳인지, 어떤 대상이 안전한 대상인지, 불안감을 덜 느끼는 곳은 어디인지를 찾아가게 한다.

내가 가지고 있는 불안의 감정을 가만히 들여다보다가 떠오른 이미지가 색색의 선들로 이루어진 가면, 머리를 잠식하는 불안의 수많은 가지였다.

세상에서 벌어지는 수많은 사건, 사고는 언제나 나의 불안에 기름을 붓고 나의 머릿속은 이 불안을 잠재우기 위해 있을 수 있는 상황을 미리 대비하기 위해 완전 가동한다.

일어나지도 않은 일들이 마치 일어난 것처럼 생각되고 이를 해결하기 위해 생각이 꼬리에 꼬리를 물고 엉켜져 결국엔 나의 얼굴을 덮어버린다.

불안감으로 휩싸인 나의 얼굴은 원래의 피부색을 잃어버리고 불안의 요소들이 실제가 되어 버린 듯한 모습을 하고 있다.

주말부부로 지냈던 신혼 시절에 남편이 내려오는 금요일 밤이면 아무것도 못 하고 초조하게 남편을 기다렸다. 혹시나 내려오다가 사고가 나지 않겠냐는 생각 때문에 무사히 집으로 올 때까지 이 불안감과 온종일 싸웠다.

남편이 나보다 먼저 죽을까 봐 사랑스러운 나의 아이들이 갑작스러운 사고를 당할까 봐 우리 엄마가 어느 날 갑자기 인사도 없이 하늘나라로 갈까 봐… 불안이 스멀스멀 나를 잠식하곤 했다. 어릴 때부터 경험한 갑작스러운 죽음들은 사랑하는 이들과의 예고 없는 이별을 또 만나게 될지도 모른다는 불안감을 늘 가지고 살아가도록 만들었다.

결혼 후에 더해진 불안감은 시어머니에게 미움과 분노의 대상이 된 후로 어른 여자분들을 만나면 나도 모르게 안절부절못하며 불안해했다.

이전에는 가져 보지 못한 불안의 요소가 더해진 것이다. 여기에 더해 '시어머니 또래의 여성분들은 나를 안 좋아할 거야.'라는 왜곡까지 하는 나를 발견하곤 했다.

반면에 지금의 내가 미술치료사로 살아갈 수 있도록 인도해 준 감정이 '불안'이기도 하다. 인간이라면 누구나 가야 할 죽음의 길에 대한 실존적 불안이 어릴 때부터 깊고도 가깝게 자리 잡은 나였다.

20대 때 심한 우울증으로 정신분석을 받고 좋아진 나였으나, 30대 때 결혼하고 아이를 양육하는 새로운 환경에서 맞닥뜨린 불안감은 나를 찾아가는 여행을 다시금 떠나도록 만들었다.

그렇게 본격적으로 마음공부를 향해 길을 떠났고, 여기저기 돌아다니며 미술치료를 하게 되었다. 불안한 나를 치유하기 위해 시작된 여정은 두 아이를 낳고도 계속되었다. 아이를 낳고 기르면서 더욱더 세상은 불안한 천지인 것만 같았다.

내 나이 39세 때 이 불안감은 정점을 찍어 나를 강렬하게 휘감았는데, 친정 엄마가 홀로된 나이가 39세였다.

그때, 다시 정신분석을 받기 시작했고, 이 불안의 큰 원천인 가까운 사람들의 죽음을 애도하는 과정을 제대로 작업하기 시작하였다. 이후에, 미술치료를 본격적으로 공부하면서 이 불안과 함께 살아가는 법을 배우고 있다.

불안을 없애는 것이 아니라, 불안의 감정과 적절히 타협하며 지내는 삶의 지혜를….

손끝이 떨리면서 입안이 바짝 마르고, 익숙한 그 무엇이 가슴을 조여 오고, 숨소리는 가빠진다. 또 나에게 왔다. 크게 심호흡하고 말을 건넨다.

"안녕! 불안아~."

우리가 '소피아'와 나누었던 이야기

불안을 밀어내는 것이 아니라 타협하며 살아가는 감정을 아름다운 색으로 표현한 것으로 보아 준 이들이 있어서 격려되었다.

죽음에 대한 우리의 근원적인 불안과 함께 꼬리에 꼬리를 무는 불안한 생각들이 담겨 있는 듯해서 공감이 갔다는 그들의 이야기 또한 연대감을 느끼게 해 주었다.

내가 나에게…

지금, 이 순간 불안을 만들어 내는 내 안의 익숙한 습관을 본다.

당신은 '소피아'에게 해 주고 싶은 말이 있나요?

어떤 행성의 이야기가 나의 이야기와 닮아 있나요?
떠오른 기억이나 느껴지는 감정이 있나요?

2장

6개 행성 우리 모두 '불안,' 그림으로 연결되다

시작하면서

우리의 불안이 온몸과 마음으로 표현되기를 원했고, 신체적인 반응과 함께 드러나는 이 감정을 마주하고자 했다. 오감을 넘어선 불안의 에너지들이 분출되어 서로 엉켰다가 풀려나기 시작했다.

불안(2022)
수채 과슈, 목탄 등. 63.6×46.8cm

빨라지는 맥박

손끝의 저림

찌르르 머리의 통증

숨통이 쪼이며

심장이 방망이질당한다

어느새 불안의 환상 속에 봉인되었다

손가락으로 찍어 낸 불안의 색깔

젓가락으로 긁어낸 불안의 소리

우리의 숨결에 전해 오던 불안의 선율

곳곳에서 흔들리던 불안의 진동

그림 속에 담아진 불안을 마주한 눈동자들

어느새 진정되어진 맥을 발견하였다

우리의 움직임이 불안의 환상을 걷어 내고

괜찮아~ 괜찮아~

소리 없는 애틋한 공명에

캔버스에 담긴 불안의 세포가 흩어지고

불안에 잠식된 우리의 모습에서 꽃들이 피어난다

매체가 주는 즐거움

짙은 자연 목탄은 부드러우면서 강렬한 실루엣을 표현할 수 있도록 해 주었다. 불안감을 손가락으로 두드리며 찍어 대고, 나무젓가락으로 마구 긁어내었는데 수채 과슈는 매우 만족스러운 질감과 색깔을 나타내었다. 쫀쫀하면서도 부드러운 느낌의 수채 과슈는 긴장감을 해소하게 해 주는 역할을 하기도 하였다.

작업 및 활동 과정의 기록

그림 속에 불안을 다 담은 느낌이 들어 한결 가벼워지고 불안을 내 눈으로 확인하는 것 같다.

불안을 마주한다. 머리가 아프고, 심장이 쪼그라들고, 내 몸 세포 하나하나가 분해될 것 같은 기분이 엄습해 온다. 고통스러워하는 모습에 안타까움과 안쓰러움이 느껴진다.

나는 그냥 그대로인데 내가 만든 불안의 환상 속에 갇혀 있다. 그대로의 나를 인정하자.

"그러면 어때?" 내가 나를 사랑하자. 나로도 괜찮다.

목탄으로 그어져 검게 문질러진 한 줄의 선 안에 나 자신이 불안으로 봉인되어 갇힌 느낌이 있다. 작업을 하는 동안 내 마음속에 정서적 공명이 일어났고, 불안 그림에 묻어나던 감정들이 편안하게 느껴지기 시작했다. "함께해요, 미술치료"가 오늘 현장에서 강렬하게 떠오른 한 줄 문구였다.

몸서리치는 불안과 함께하는 모습 그리고 그마저도 '잘' 살피려는 노력에 괜한 안쓰러움과 애틋함을 느낀다.

머리에서, 마음, 온몸으로 느껴지던 진동들을 눈앞에서 마주하게 되는 것 같았고 수채 과슈들을 '불안'하게 표현하고 나서 후련함이 느껴졌다. 이렇게 표현하는 것이 마음의 어려웠던 부분을 마주하게 해 주는 것 같아 고마웠다.

다섯 번째 만나는 감정
'우울'

1장

6개 행성 나와 너의 우울 이야기

'꿈쟁이주비건'이 들려주는 우울 그림 이야기

열쇠

자작시

우울의 늪에 내 마음 문의 열쇠를 빠뜨렸다.

나는 딸만 셋 있는 가정의 맏딸로 태어났다. 늘 동생들의 모범이 되어야 했고, 부모님들의 든든한 맏딸이어야 한다는 내 안의 책임감과 부담이 부모님을 비롯한 주변 친척, 어른들의 직접적 혹은 암시적 최면으로 커 갔고, 최종적으로 그 모든 것을 유산처럼 물려받아 스스로 키웠던 거 같다. "나는 뭐든 최선을 다해 노력하여 잘해 내야 하고 열심히 해야 해."라는 대사가 내 안으로 들어와 버렸고, 그렇게 행동했다. 잘하면 부모님이 웃으시며 좋아하셨고, 주변에서 칭찬과 인정이 있었고, 나도 자신이 뿌듯했다. 그 반대 상황으로 인한 주변 반응은 내게 그리 유쾌하지 않았다. 그렇게 나는 칭찬과 인정을 받고 싶은 사람으로 자라났다. 긍정적 보상을 받기 위해 참고 견디는 힘도 키워 나가면서 낮은 정도의 불안과 화, 분노는 자주 만났다. 그러다 몸에 이

상이 오게 되고, 체력적으로 버티기 힘든 정도가 되었을 때 나를 찾아
온 녀석이 '우울'이다.

　우울이라는 감정을 조심스레 떠올려 본다. 여러 감정 중에서 나에게
가장 강력한 중력의 힘을 발하는 감정인 우울은 인생을 살아가면서 몇
번을 만났다. 그중의 한 시기인 대학원에서 공부할 당시 나는 학교 시
스템의 틀에 자신을 맞춰 가기가 쉽지 않았다. 해야만 하는 과제들이
나의 역량을 넘어서면서 뭐든 잘해야 하고 잘해 왔던 나로서는 자신감
을 잃게 되고 자존감에도 상처를 입게 되었다.

〈그림 1〉 틀에 박힌 나(2022)
종이에 연필과 지우개. 14.4cm×21cm

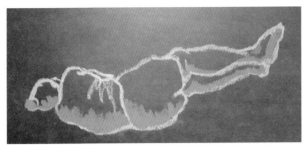

〈그림 2〉 벽 보고 눕다(2022)
종이에 오일파스텔. 21cm×29.7cm

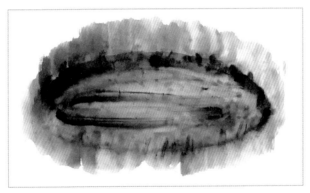

〈그림 3〉 늪(2021)
한지에 수채. 39.4cm ×54.5cm

그때의 모습은 〈그림 1〉에서처럼 틀에 갇혀 상처 입은 채로 구석에
쭈그리고 있는 자신이다. 작업을 할 때 다른 색깔은 쓰고 싶지 않았다.
나에게 틀은 딱딱한 연필과 같은 느낌이다. 우울은 그저 검은색이니
까, 다른 색은 필요치 않았다. 흰 종이 또한 딱딱하고 건조한 느낌을 주

기 위해 사무실에서 쓰는 A4 복사지로 쓰면서 그 위에 연필로 마구 공간을 채워 나갔다. 갑갑한 느낌이 든다. 칠해 가면서 더 갑갑해진다. 그러다가 휴지로 그 검은 공간을 문지르면서 그 속의 나를 위로해 준다. 내가 그 검은 공간 속 어디에 있는지는 모르지만···. 그러다가 지우개 모서리로 그 공간 속에 내 모습을 구석에 그려 본다. 조그맣게··· 안쓰럽다···. 구석에 있는 모습이···. 그리고는 그 위로 틀을 지우개로 그린다···. 묘한 느낌이 다가온다. 까만 부분에 지우개로 지워지는 부분이 나를 힘들게 하는 틀이 되니까···. 다시 생각이 깊어진다···.

나의 우울은 많은 부정적 상황들의 집합체였다. 앞서 언급했듯이 몸은 번아웃으로 배터리가 다 방전된 상태였다. 그 상태에서 내게 오는 좋지 못한 피드백들은 거부당한 느낌을 주었고, 나는 그렇게 인정받지 못한 상처를 가진 내면아이와 함께 세상에 삐진 모습으로 계속 함께했었다. 내가 맞게 되는 이후의 모든 상황은 그 아이 심리 상태로 감당하기엔 당연히 어려웠으리라! 그렇게 그 내면아이와 나는 과제, 발표에 힘들어하면서 결국 무기력으로 이어지게 되었다.

그런 마음이 몸으로 이어진 모습이 〈그림 2〉에서처럼 등을 돌려 누워 있는 모습이다. 아무 초점 없이 뜬 눈으로 잠들지도 못하고 누운 모습으로 시간을 보내는 모습! 그렇게 내게 오는 우울은 늘 원하는 것이 있다! 내가 우울의 늪에 빠뜨린 열쇠를 찾으라는 것! 그 열쇠를 찾으면 나는 괜찮아진다. 열쇠를 내가 들고 있는가? 아니다. 나는 늪에 빠진 동시에 열쇠의 모습 혹은 열쇠가 있었다는 사실조차 망각한다. 누구에게 그 열쇠가 있는지 알아봐야 한다. 결국에 나는 늘 그 사람들을 찾았고, 열쇠를 손에 쥐면서 마음의 문을 열어 숨을 쉴 수 있었다.

우리가 '꿈쟁이주비건'과 나누었던 이야기

"나도 같은 그림, 같은 느낌을 그리고 느낀 적이 있어요."

"그림 속 그 사람이 나랑 비슷해서 깜짝 놀랐어요."

"이렇게 같은 감정을 공유하고 같은 몸의 반응으로 공명하는 사람이 곁에 있다는 것이 우울에서 나오는 열쇠인 거 같아요."

"지난번 꿈쟁이주비건이 그린 '불안' 그림의 지렁이 중 한 마리가 '늪' 그림의 구렁이가 된 듯해서 감정들이 계속 연결되는 느낌을 받아요."

내가 나에게…

내 안의 감정 스펙트럼이 확장되어 다른 이들과도 공명하는 걸까? 우리 모두가 자신의 심리적 소리굽쇠로 긍정의 파동을 주고받으며 공멍에너지의 춤을 추면 얼마나 즐거울까!

당신은 '꿈쟁이주비견'에게 해 주고 싶은 말이 있나요?

_____

_____

_____

_____

'안방마님'이 들려주는 우울 그림 이야기

　지나고 보니 그것이 우울이었다는 것을 알게 되었다. 부모님은 미술 대학 진학을 반대하셨지만 나는 의지를 꺾을 수 없었다. 다른 친구들보다 늦게 시작한 미대 입시로, 원하는 대학이 아닌 점수에 맞는 학교로 가게 되었다. 여차저차 들어오게 된 미술 대학. 신입생의 3월은 바라 왔던 대학 생활이 아닌 것처럼 느껴졌다. 사실 가고 싶던 서울의 H대를 가지 못하고 지방대를 가게 되었다. 미술을 시작하면 무조건 1등이 될 거라고 생각했다. 미술이라는 것은 나에게는 다른 이들보다 잘할 수 있는 나만의 고유한 것처럼 느껴졌다.

　꿈꿔 왔던 지망에 있는 대학교가 아니라서 그런지 몰라도 애정이 없던 대학 생활의 나날이었다. 어차피 나도 이 학교에 다니는 사람과 똑같은 수준이면서 같이 다니는 학우들과 다를 게 없다는 사실을 받아들여야 한다는 것을 직시한다는 것이 비참하게 느껴졌다.

　넘쳐나는 과제로 밤을 지새우면서 '내가 지금 무엇을 위해 이렇게 하고 있나, 지금 하는 것들이 무슨 의미가 있나.'라는 생각이 들었다. 어린 시절부터 미술과 관련된 일을 하고 싶어 하게 되었는데 현실은 생각했던 것과 확연히 달랐다. 예술을 하는 사람이라면 외국물은 필수라는 것도, 첫 여름 방학이 지나고 알게 되었다. 시간이 흐르면서 다른 학교로 편입을 하는 친구, 다시 서울의 H대를 가기 위해서 재수를 하는 친구, 외국으로 유학을 가는 친구들을 보면서 괴리감을 느꼈다.

나라는 사람은 지방대를 다니면서 이렇게 인생이 끝이며, 무엇을 해도 변하지 못하겠다는 좌절감이 생겼다. 새로움 꿈을 꾸려고 하면 벌써 인생이 끝나 버린 것 같은 공허함. 같은 사람을 보면서 같은 것을 인정해야 하는 괴로움. 무엇을 해도 허무하고 허무하기만 한 시간이었다.

미아(2022)
도화지에 연필. 27.5cm×36.5cm

우울한 20대를 보냈던 지난 시간을 그림으로 표현하고 싶다. 신발도 신지 않고 차가운 공기가 감도는 숲을 걷고 있는 나. 걷고 걸어도 어디로 걸어야 할지 모르겠고, 걸어도 그 길에 끝이 있을지도 알 수가 없는, 그런 스스로가 안쓰럽다.

우리가 '안방마님'과 나누었던 이야기

"걱정과 고민을 좀 내려놔도 되지 않을까? 나무들이 좀 없어져야 이 숲을 바라보는 여유와 숲에서 즐길 것들을 많이 찾을 텐데 이 정도 나무가 심겨져 있는 숲이라면 길 내기가 너무 힘들 것 같다. 나무들이 조금 정리되면 길 찾기가 훨씬 쉬울 텐데. 저 나무들 다 가꾸고 키우려니 뭐 하나 굵게 키우기가 힘들겠다."

"앤서니 브라운의 『숲속으로』라는 동화책 그림과 비슷하다는 느낌을 받았다. 세상을 외면하고 싶다는 말에 깊이 공감하며 나또한 그러한 외로움을 느꼈었다."

"그림 속 사람이 길을 잘 걸을 수 있도록 해 주고 싶다. 손을 잡고 같이 걸어 주고 싶은 마음이 들었다."

"스산한 자작나무 숲을 그린 것이 세상에 홀로 내팽개쳐 둔 그런 차갑고 냉정한 느낌이 들지 않았을까라는 생각이 들었다. 안으로 들어가는 사람을 꺼내 주고 싶은 마음과, 신발도 좀 신겨 줬으면 좋겠고, 세상의 차가움을 온몸으로 맞는 사람에게 옷도 입혀 주고 싶다."

내가 나에게…

우울함도 나에게는 필요한 시간이었지 않을까? 상담을 하면서 우울과 무력감을 느끼는 이들을 만나게 된다. 그들은 '잘'하고 싶었지만 '잘'하려 노력하다 보니 '잘'하지 못해 우울하다 못해 포기한다. '잘'의 기준이 높고, 그 기준이 본인의 자존감과 직결되어 있었다. 그들을 보자니 자작나무 숲을 하염없이 걷는 나와 같은 모습이다. 기나긴 터널 같은 우울한 시간을 보내고, 다시 시작하고 싶은 마음이 생겼다. 원하지 않은 것이었지만 뭐든 교훈이 없는 것은 아니었다.

> 당신은 '안방마님'에게 해 주고 싶은 말이 있나요?
>
> _____
>
> _____
>
> _____
>
> _____

'너구리보살'이 들려주는 우울 그림 이야기

센티해지고, 아무것도 하기 싫고, 세상에 혼자 있는 것 같고, 외로워서 우울 속으로 빨려 들어가는 느낌. 주기적으로 느끼는 감정일 텐데 막상 우울한 감정을 작업으로 남기려고 하니 마치 우울을 한 번도 경험해 보지 못한 사람처럼 막막해진다. 나와 시간을 가장 많이 보내는 아들에게 물었다. "엄마는 언제가 가장 우울한 것 같아? 본 적 있어?"

아들은 대수롭지 않다는 듯 정해진 답처럼 고민도 없이 턱 내어놓는다. "엄마는 평소에는 활발한데, 허리 아플 때가 젤 우울한 것 같아."

"맞네." 내 허벅지를 탁 쳤다. 그래 나는 내 몸이 아플 때 가장 우울하다. 내가 내 몸을 자유롭게 움직일 수 없을 때 가장 무기력감과 우울감을 느낀다.

큰아이가 15개월째 허리에 마비가 와서 3일을 꼼짝 않고 누워 있었다. 겨우 일어나 시술받은 것이 시작이었다. 둘째 아이를 낳고 몇 번 고

비가 왔었고 그럴 때마다 도수치료, 운동치료, 물리치료, 필라테스 등 참 열심히 했었다. 하지만 결국 둘째 아이 15개월쯤 욕실에서 나오다가 그대로 바닥에 주저앉아 버렸다. 부축받아 계단에서 끌려오다시피 내려와 겨우 차를 탔다. 곧장 병원을 향했고, 차에서 내릴 때 남편에게 의지한 채 소리를 바락바락 질렀다. 길을 지나던 사람들이 나를 쳐다봤지만 나도 모르게 나오는 소리를 어찌할 도리가 없었다. 남편은 부끄러웠는지(내 생각이다) 조용하라고 나를 나무랐다. 너무 아픈 순간에 너무 섭섭했다. 그래서 더 울부짖었다.

살아 있는 사람을 위한 관(2022)
캔버스에 목탄. 캔버스 2호F

담당 의사가 수술 스케줄을 조정해서 나는 급하게 수술을 받을 수 있었다. 급성으로 터진 디스크는 진통제 3번에도 통증이 심했고, 왼쪽 팔, 왼쪽 다리를 응급실 베드 안전 바에 걸친 상태로 수술 방으로 이동되어졌다. 남자 4명이 이동식 베드에서 수술방 베드로 나를 옮겼고 너무 수치스러웠다.

수술이 끝난 후 입원실로 옮겨졌을 때 기억이 잘 나지 않는다. 하지만 온통 나이 지긋하신 할머니들 사이에 내가 있었다는 것과 성인이 된 후 처음으로 엄마가 내 머리를 감겨 줬다는 것이 가장 충격이었고, 수술 후에도 일어날 수 없어서 수술용 복대를 하고 보조걷기기구를 이용해 병원 복도를 운동해야 했다는 것, 처음으로 아이들과 생이별을 해서 2주간 입원을 했다는 것, 내 몸인데 내 마음대로 할 수 없는 것은 참으로 우울하고 이렇게 살아서 뭐 하나 하는 생각을 처음 들게 해 준 큰 사건이었다. 아직까지 내 다이어리 앞에 수술날짜가 크게 새겨져 있고, 잊지 않고 운동을 하려고 노력한다.

나는 왜 내 몸을 마음대로 움직일 수 없을 때 우울한가 하는 질문이 생긴다. 내 몸을 자유롭게 움직이지 못했을 때 내가 계획하는 대로 실행할 수 없는 것에 짜증이 나고 열심히 살아 온 것에 대한 보상이 없어 허무함을 느끼기 때문인 것 같다. 캔버스라는 통제된 화지에 침체된 기분을 표현해 주기에 적합한 목탄을 선택했다. 캔버스 나무틀을 따라 색을 칠했고 그 네모는 답답한 내 마음을 표현하는 듯했다. 살아 있지만 통나무가 되어 누워 있는 마치 시체가 된 듯, 갑갑함을 틀에 짜 넣듯, 선을 곧게 그려 넣었다. 나에게 우울은 순수한 침체된 감정이기보다 답답함이 확장되었을 때 느껴지는 감정이다. 목탄도 제 몸을 다 태운 뒤 남는 재료가 아닌가?

가장 쓰고 싶은 매체를 먼저 선택해 보자고 마음먹는다. 압축 목탄을 선택했다. 압축 목탄의 직사각형 모양인데 파스텔처럼 옆면으로 칠하다 보니 계획되지 않았던 선이 나타난다. 그 선이 나란히 그어진다. 정확한 선을 보고 있으니 체크무늬 직물 같았다. 그 직물 속에 어디에도 속하지 못 한 나는 이방인처럼 굉장히 외롭게 느껴졌다. 아픈 것이 외로움과 느껴진다. 아픔을 누군가와 공유할 수 없을 때 외롭고, 우울했다. 나만 느껴야 된다는 것이 굉장히 힘들다. 우울감의 끝과 외로움의 끝은 생존과 맞닿아 있는 듯하다. 나는 이 세상에서 속해지지 않은 외계인 같은 느낌이다.

우리가 '너구리보살과 나누었던 이야기

"저 그림은 임종에서 시체를 감싸는 삼베 같기도 하다."

삼베라는 단어를 듣는데 외로움이 내 몸을 감싸는 느낌을 받는다.

"생존이란 단어가 글에서 느껴진다. 누구와 공유할 수 없는 혼자만의 고통인데, 그 불안이 순간에 회복되지 못하는 느낌을 받는 것은 아닐까? 우리가 어쩔 수 없는 삶과 죽음…. 아빠와 이른 이별의 경험도 연결되지 않을까? 내가 선택할 수 없는, 내가 통제할 수 없는 것에 대한 막막함이 우울과 연결되는 것 같아 마음이 찡하다."

"메꿔서 깜깜하게 만들어 준 뒤 깜깜한 밤하늘에 별을 넣고 싶다."

밤하늘을 만들고 싶다고 하니 따뜻하게 느껴진다. 깜깜한 밤하늘은 자유로워서 좋은 것 같다. 외롭지 않을 것 같다. 다른 별들이 있어서가 아니라, 깜깜한 별이 다른 세상을 비춰 줄 것 같아서….

내가 나에게…

맨 오른쪽 아래 부분이 가장 맘에 든다. 까맣게 바닥이 하나도 보이지 않는 것이 맘에 들었고, 메꿔져서 가득 찬 느낌이 만족감을 줬다. 한편으로 갇혀 있는 느낌도 들면서 소외감도 함께 느껴진다.

별이 어쩌면 아빠가 아닐까? 별이 된다는 것은 죽음을 의미하기도 하니까…. 연결이 되는 건 아닐까?

당신은 '너구리보살'에게 해 주고 싶은 말이 있나요?

_____

_____

_____

_____

'별별요정'이 들려주는 우울 그림 이야기

나는 지친 거 같다.

해야 할 일이 있지만 하고 싶지 않다. 해야 할 일을 제외한 다른 짓을 한다. 무슨 일을 해야 할지 막막하다. 그냥 대충 하고 싶다. 눈앞에 보이는 것들이 마음에 들지 않는다. 귀찮다. 모조리 안 하고 싶다.

그림을 그려야 하는데 하얀 종이가 싫다.

목탄으로 까맣게 칠해 버릴까? 그러면 이렇게나 하기 싫고 무기력한 내 마음이 표현될까?

아니다. 손에 까만 목탄이 묻는 것도 싫다. 하얀 종이를 채우는 것도 싫다.

무기력을 작품으로 나타내고 싶은데 지금의 나 자체가 무기력이다.

책상 귀퉁이에 작고 까만 종이를 찾았다. 하얀 젤 잉크펜을 골라 티비와 앉아 있는 사람과 소파를 그린다. 아. 사람을 눕힐 걸…. 후회가 된다. 내 모습이다.

〈그림 1〉 티비 멍(2022)
검정 색지, 흰색 젤잉크펜. 13.4cm×19.4cm

〈그림 2〉 티비 멍(2022)
검정 색지, 흰색 젤잉크펜, 오일파스텔. 13.4cm×19.4cm

자꾸 보니 마음에 들지 않는다. 오일파스텔로 덧칠을 한다.

티비 모니터엔 아무것도 그리지 않는다. 그림 속 나는 보고 있지만 보고 있지 않으니까.

리모컨을 눌러 채널만 하염없이 누르며, 번쩍번쩍 빛나는 화면만 멍하니 바라보는 사람만 있다.

내 무기력함의 이유는 사람이다. 사람에게 지친 거 같다.

나를 모르는 사람에게도, 나를 잘 안다는 사람에게도 거리를 두고 싶다. 나를 모르는 사람은 나를 모르기에, 나를 잘 안다는 사람은 나를 잘 알기에 나에게 이러쿵저러쿵 말을 한다.

말로 표현된 것이 정답이 아니다. 그 이면의 이야기를 알아야 한다. 이면의 마음에 맞추어 나도 이야기해야 한다. 그 마음을 모르면 나는 어리숙하고 멍청한 사람이 되는 것 같다.

그 마음을 읽기가 지친다.

상대방의 진실도, 나에 대한 진실도 모르겠다.

"내가 생각하는 나는? 그들이 생각하는 나는?"
"내가 생각하는 너는? 그들이 생각하는 너는?"

헷갈리기 시작한다.

복잡하다. 머리가 아프다. 생각하기 싫다. 그냥 멍하니 있고 싶다. 복작복작한 세상을 떼어 내어 저쪽 귀퉁이로 몰아넣고 나는 한 발짝 멀어지고 싶다.

그러다 보면 지치다 못해 무기력해진 나도 조금 생기를 찾을 수 있지 않을까. 사람에게 지쳤다지만 사람을 좋아하는 나는 사람을 미워하고 싶지 않아서 거리를 둔다.

아…, 슬프다.

〈그림 3〉 우울(2021)
화지에 파스텔. 21cm×29.7cm

"〈그림 1〉에서의 선의 질감과 구겨진 검정 화지가 그대로 우울을 표현하는 것 같다. 나도 저런 우울을 느끼는데 공감이 되고, '나만 이런 게 아니구나 싶어.' 위로를 받음과 동시에 안도감이 든다."

"〈그림 3〉의 사람과 빈 화면에서 무망감, 우울감이 느껴진다. 거기서 더 나아가면 우울증이 되고, 벽 보고 누워 있는 내 그림처럼 될 거 같다. 이 이상 가면 죽음이 있을 거 같다. 우울은 살아 있는 생명에 시체 바이러스를 넣는 거 같다."

"〈그림 2〉가 밤의 내 모습을 보는 거 같다. 의미 없는 채널 돌리기를 하고, 알면서도 "아 몰라." 하고 내버려 둬서 점점 위험해지는 거 같다. 우울과 무기력이 생명과 직결되는 거 같고, 죽음이 우울 앞에서는 별일 아닌 하나의 선택지가 될 거 같다."

내가 나에게…

무기력, 우울!

내가 감당할 수 있는 이상의 것들이 나에게 오면 쉬어 가라는 몸과 마음의 언어!

에너지가 떨어지면 찾아오는 친구!

우울과 무기력과 더불어 불안은 내 삶과 함께 가는 동반자!

미리 알아차림을 잘하고 마음 챙김 하라는 삶을 향한 신호!

당신은 '별별요정'에게 해 주고 싶은 말이 있나요?

_____

_____

_____

_____

'돌삐'가 들려주는 우울 그림 이야기

우울, 무기력은 내 심장에 들어 있는 돌이다.
나만 알고 있는 돌이다. 나만 느끼는 돌이다.

어느 날, 어느 때는 생각조차 나지 않게 존재가 잊히지만, 어느 날, 어느 때는 심장을 갈기갈기 찢어 놓을 듯 심장 곳곳을 돌아다닌다.

심장 안의 돌을 느낄 때면 숨을 쉬기가 어려워 심장의 돌이 더 이상 굴러다니지 않을 때까지 가슴을 부여잡고, 고꾸라져, 아무것도 할 수 없다.

아무것도 할 수 없을 만큼 무거워진다. 가라앉게 된다. 누구도 나를 꺼내 줄 수 없다.

한 발짝만 성큼 뛰면 밝은 곳으로 나올 수 있지만, 그조차도 시도하지 못할 만큼 무겁고, 스스로 굳어진다. 그렇게 나는 살아 있지 않는 돌이 된다. 생물에서 무생물이 된다.

머릿속 이미지는 선명하게 그려지는데, 그림을 그려 낼 자신이 없었다. 핏줄 속 작은 돌은 평소에는 자유로이 유영하다가, 어느 순간엔 커져서 심장을 꽉 막는 그런 이미지였다. 작은 돌이 바로 나다. 우울함에 굳고 또 굳어 버린 돌은 단단하고 무거운 화강암이 되어 버린다. 돌로 막힌 심장이 요동을 치고 파동을 일으키는 모습을 그리고 싶었다. 잘 표현하고 싶어서 조심스럽게 색연필 수채화로 그려 보지만, 머릿속의 이미지와 내 그림은 많은 차이를 보였다. 그림을 그리면서 마음에 들지 않는다. 색연필 수채화로 여러 번 덧칠하며 도화지가 뚫릴 만큼 그림을 수정해 보지만, 수정해 봐도 마음에 들지 않아 짜증이 난다. 수채

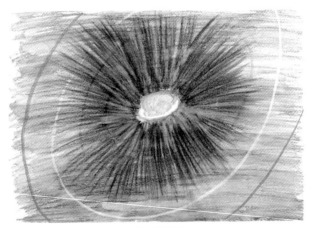

차돌(2022)
8절 스케치북에 수채 색연필. 24cm×34.6cm

화 물감으로 더 자연스러운 표현을 하고 싶다고 생각하면서도, 일어서서 수채화 물감을 가져오지 않는 내 모습에 스스로 어이가 없다.

이렇게 무거워지고 싶지 않다는 마음의 아우성이 들린다.
살고 싶다는 아우성이다. 이대로 무생물이 되고 싶지 않다는 아우성이다.

살아 있음을 느끼고 싶어 작은 숨을 쉬어 본다. 작은 숨이 허파로 들어옴이 느껴진다.

다시 작은 숨을 쉬어 이번에는 허파가 아닌 배로, 다리로, 팔로, 머리로 가는 것을 느껴 본다.

내가 살아 있음을 느끼자 굳었던 몸이 펴지고, 움직이고, 느낄 수 있게 된다.

우울과 무기력은 몸이 보내는 쉼표가 아닐까?
더 이상 무리하면 너를 살 수 없으니 여기서 멈추라고 몸이 보내는 신호처럼 느껴진다.

나를 살리려고 몸이 무거워지고, 굳어지고, 회피하면서, 어쩔 수 없는 이 상황에서 너무 애쓰지 말고 잠시 쉬어 가도 된다고 몸이 말해 주고 있다는 생각이 든다.

우리가 '돌삐'와 나누었던 이야기

"답답한 느낌보다 속 시원한 느낌을 받는다. 불안 편의 〈먼지〉 그림 속 먼짓덩어리가 던져져 좍 펼쳐지는 느낌이다. 돌도 단단하지 않은 석회질 같아 만지면 부서지는 돌 같다. 퍼져 나가는 검은색 빗살로 시원해 보이는 느낌이다."

"전복 껍데기 혹은 오로라 빛깔 같다."

"둥글게 그은 선의 색 의미를 알고 싶다. *(나의 답변: 우울한 감정에 빠지면 끝없는 암흑 속에 갇히게 된다. 영원한 암흑 같은 삶 같지만, 가끔은 아주 짧은 순간의 희망과 행복한 감정이 찾아올 때도 있다. 희망과 행복의 짧은 순간이 중간중간 찾아왔다가 사라진다는 의미로 실올 같은 다양한 빛의 선을 그었다.)* 역동적이고 힘이 넘치는 그림이라 우울의 느낌이 와닿지 않았다. 에너지, 파장, 퍼져 가는 힘으로 느껴졌다. '우울인데~ 활력이 넘치지….'라고 생각했는데, 쉼을 통해 축적된 에너지를 이다음에 쓰이지 않을까 생각이 든다."

"유두같이 보인다. 불안 편의 〈먼지〉그림에서 먼지가 유두처럼 보인 것처럼, 흰색, 노랑, 파랑 선은 유선으로 보이고, 검정의 뻗은 선은 뿜어져 나오는 우유 같다. 누군가를 먹이는 생명줄 같이 느껴진다. '우울한 감정이 부정적 감정이 아닌 내가 성장하는 감정이 아닐까?'라는 생각이 들었다. 그림 양옆으로 옅은 자국들이 눈물이 떨어진 얼룩처럼 보인다."

"우울의 감정이 쉼표라는 말에 공감된다. 번-아웃이 되거나, 몸이 안 좋을 때, 몸이 말을 하고 싶을 때 우울함이 찾아왔다. 몸이 할 말이 많았을 때 심장을 멈춰 세우면서까지 '쉬면서 내 이야기를 들어 보라고!' 돌이 보내는 에너지의 울림으로 신호를 보내는 것처럼 보였다. 돌이 보내는 신호가 느낄 때면 모든 것을 멈추고 돌이 보내는 이야기를 들어 봐야 한다고 생각되었다. 감정은 하나로 오지 않는 것 같다. 역동적으로 보인 것은 화나 분노, 물로 번진 수채는 슬픔으로 보여 우울한 감정이 분명한 것 같다."

"웅덩이 같은 곳에 돌을 세게 던져 바닥까지 드러날 정도로 물의 파장이 일렁이는 느낌이다. 나를 던져 밑바닥이 드러나는 느낌이다. 검은 물이 깊고 넓을 거라는 것은 나의 환상일 뿐, 그렇게 깊지도 넓지 않은 물처럼 보인다."

내가 나에게…

　내 그림이 밑바닥이 드러난 웅덩이, 부서질 것 같은 돌, 모든 걸 내어주고 남은 전복 껍데기, 눈물 자국, 우유를 모두 분출해서 이제는 젖을 줄 수 없는 젖가슴 혹은 돌이 가로막아 우유를 내보내지 못하는 젖가슴으로 보인다고 했다. '괜찮다. 잘 견디고 있다.'라고 스스로 포장하고 있었는데, 그림은 나의 고통과 절망을 고스란히 드러내 주고 있었다. 너무 많이 아팠고, 아직도 아파하고 있다는 것을 말이다.

　그림은 거짓말을 하지 않았다.

　미사여구로 꾸며진 글과 달리 그림은 지금의 나의 상태와 감정을 고스란히 직면할 수 있게 해 주었다. 우울과 무기력을 글로 표현하려다 그림에 들통이 난 기분이 들어 쓴웃음이 났다. 순간적으로 글과 그림이 마음에 들지 않는다.

　나의 우울과 무기력을 보듬고 보살피는 것은 다름 아닌 나였어야 했는데, 내가 나의 우울과 무기력을 회피하고 포장하고 있음을 깨닫는다.

당신은 '돌삐'에게 해 주고 싶은 말이 있나요?

_____

_____

_____

_____

'소피아'가 들려주는 우울 그림 이야기

　내가 할 수 없는 것이 아무것도 없다고 생각될 때, 아무것도 하지 않는 나를 본다. 아무것도 할 수 없다고 느끼는 이유는 다양하다. 스트레스가 축적되어 나 자신을 잠시 놓고 있을 때, 부딪히는 현실에 열심히 반응만 하면서 살아오느라 내 몸을 돌보지 않아서 어느 한 곳이 탈이 났을 때, 자녀가 밤새 아파서 끙끙거리는데 내가 대신 아파 줄 수 없을 때, 미술치료사로서 최선을 다했으나 내담자에게 도움이 되지 못했을 때, 무력감을 느낀다.

　무엇보다 에너지를 많이 쏟은 어떤 일에 대해서 내가 기대한 인정과 보상이 돌아오지 않을 때도 무력감을 느낀다.

　이런 무력감이 나를 덮을 때, 나는 세상과 벽을 쌓고 혼자만의 우울과 불안에서 아무것도 하지 않고 나만의 거울 속에서 가만히 웅크린 채 잠이 든다. 최근에 느낀 우울감은 나의 몸이 더 건강하지 않다는 것을 확인했을 때이다. 예전에는 가능했던 일들이 힘에 부치고 지금과 같은 생활 방식으로는 나의 건강을 지킬 수 없다는 것을 알았을 때, 제일 먼저 든 감정이 무력감과 함께 찾아온 우울이다. 그리고 익숙한 습관처럼 무덤 같은 거울 속으로 들어갔다.

대학 시절 20년 가까이 살아온 우리 집을 통째로 날려 버릴 수밖에 없는 일이 있었다. 나의 어린 시절과 가족과의 모든 추억이 담겨 있는 곳이었으나 하루아침에 우리는 갈 곳이 없는 상황이 되었다.

거울 속 겨울 아이(2022)
화선지에 수채화 물감. 54.5cm×39.3cm

스무 살이 갓 넘은 내가 할 수 있는 일은 휴학과 생활전선에 뛰어 들어가는 것밖에 없었고, 아직 고등학생이던 남동생은 내가 데리고 있고, 엄마와 여동생은 다른 곳으로 뿔뿔이 흩어지게 되었다. 그때 느낀 무력감은 나를 어떤 상황에서도 굶지 않고 살아갈 수 있게 만들었으나 다시는 경험하고 싶지 않은 무력감이자 절망이었다.

신혼 시절 시댁으로부터 받게 된 지나친 간섭과 이해할 수 없는 시어머니의 분노를 대할 때마다 며느리로서 순종해야 한다는 신념에 갇혀 느낀 무력감이 있었다.

시어머니의 눈치를 보고 혹시나 뒤에 또 무슨 이유를 갖다 붙이며 분노를 쏟아낼까 싶어 초조해하던 그 감정들이 어느 순간 분노가 되고 이 분노는 갈 곳을 잃어 제대로 대응하지 못하는 나를 향한 공격으로 바뀌어 이후에는 나를 우울로 뒤덮게 했다.

그 시절 남편마저 내 편인 듯 내 편 아닌 태도와 엄마의 분노에 얼음이 되어 아무것도 못 하는 모습을 본 순간 느낀 절망감은 생각만 해도 아찔하다.

그때 내가 할 수 있는 일은 나 스스로가 내 마음을 지키는 것이었고 그러기 위해 열심히 마음공부를 하러 다녔다. 그때의 우울과 절망감은 나를 배움의 길로 인도했다.

그렇게 나를 알아가는 과정 중에 발견한 나는 칭찬에 약하고 인정의 욕구가 강했다. 이 욕구를 채우기 위해서 열심히 노력하고, 어떤 일들에 대해서 인정을 받게 되면 나의 존재가 긍정되는 느낌이 들어서 매우 만족스러워한다.

그러나 이 욕구가 채워지지 않으면 불안해하고 초조해하다가 인정을 못 받을 것 같으면 모든 것을 놓아 버리고서는 우울로 회피한다. 어느 정도 이 우울과 무력감의 바다에 침잠해 있다가 더 내려갈 때가 없을 때 경직된 등을 일으키고 무릎에 조금씩 힘을 준다. 그렇게 하다 보면 어느새 또다시 일상을 살아가고 있는 나를 발견하곤 한다. 어쩌면 이렇게 할 수 있게 된 것은 우울의 시간을 가만히 견뎌 낸 경험이 있었기 때문이 아닐까 싶다.

그래서인 요즘은 이런 우울감과 무력감이 오히려 나를 한번 돌아볼 수 있게 해 주는 숨 쉴 수 있는 공간을 마련해 주는 감정이 되어 있는 것 같다.

미술치료를 하면서 배운 것 중의 하나는 감정을 회피하지 않는 것이다. 어떤 감정이든지 그 안에 나를 알아가고 성장시키는 길이 놓여 있고, 그 감정은 영원히 지속하지 않는 것을 알게 되었다. 무엇보다 이런 감정을 이미지화해서 작업을 하고 그것을 앞에 두고 있으면, 그것을 관

찰하는 입장에 머무를 수 있게 된다.

그렇기에 우울, 무력감이라는 감정이 어느 순간 또다시 나에게 찾아오는 것이 그리 싫지 않다.

충분히 우울과 무력감 속에 있다 보면 우울이라는 감정의 바다에 웅크리고 있는 나를 거울을 보듯 볼 수 있는 관찰자가 될 수 있다. 미술은 그 작업을 솔직하게 도와주고 그 아이를 토닥토닥해 줄 수 있는 거리를 선물해 준다.

우리가 '소피아'와 나누었던 이야기

거울 속의 나를 일으켜 거울 속 나를 볼 수 있는 관찰자의 입장을 발견해 주는 이들의 이야기 속에서 내 안의 에너지를 만날 수 있었다.

거울을 계속 본다는 것이 성찰의 의미이며, 그림 속 아이를 객관적으로 볼 수 있는 힘과 아이가 가지고 있을 강한 힘들이 정리되어 있는 느낌을 받기도 하고, 거울을 우물로 보기도 하였다.

각자의 감정과 생각들이 투사되는 과정이 신기하고 힘이 되었다.

내가 나에게…

거울 속 웅크리고 있는 나는 그 감정을 선택한 주체였다.
이 거울이 나에게는 어떤 상징이며 의미일까?

당신은 '소피아'에게 해 주고 싶은 말이 있나요?

어떤 행성의 이야기가 나의 이야기와 닮아 있나요?
떠오른 기억이나 느껴지는 감정이 있나요?

2장

6개 행성 우리 모두 '우울, 그림으로 연결되다

시작하면서

‘우울’이란 감정을 표현하려고 작업 테이블에 모였을 때, 누군가가 ‘우울’ 하면 물기를 흠뻑 머금은 스펀지같이 무거운 몸이 떠오른다고 했다. 그러자 모두의 의견은 “그럼, 젖은 종이에 감정을 담자.”는 쪽으로 일치가 되었고, 그렇게 우리의 우울 감정과 함께하는 여정이 시작되었다.

어딘지 모를 곳으로 번져 가며 나를 잃어버리게 하다

“젖은 종이 위에 먹물은 자력으로 어찌할 수 없는 것처럼 내가 의도하지 않은 길을 따라 번져 나갔다.”

“마치 붓이 주삿바늘이 되어 우울을 몸에 서서히 퍼지게 하는 것처럼 느껴졌고, 손댈 수 없이, 막을 수도 없이 퍼지는 먹이 우울을 느낄 때의 무력감을 보여 주는 것 같았다.”

우울(2022)
젖은 도화지에 먹물. 54.5cm×39.3cm

그럼에도 생(生)과 함께하다

"소름, 전율을 일으키며 나의 삶에 감각적으로 다가온다."

"잘 살고 싶은 우리의 마음이 만든 삶의 작품, 생명의 하모니를 보는 것 같다."

"살아 있는 미생물, 바이러스처럼 주위로 퍼져 상태에 따라 번질 수도 사라질 수도 있겠다."

매체가 주는 즐거움

젖은 종이에 먹물, 그리고 백붓[8]과 붓.

이 매체들은 우울과 무기력에 빠진 이들의 방전 직전의 낮은 에너지로도 충분히 활용 가능하다. 붓끝의 먹물은 물을 흠뻑 머금은 종이에 살짝 닿기만 해도 알아서 꿈틀거리듯 움직이며 표현을 해 주니 말이다. 그 먹이 생명을 지닌 듯 번져 나가는 모습을 바라보는 행위 그 자체로도 치유의 힘이 있을지도 모른다. 오일파스텔이나 물감, 크레파스, 목탄 등등의 매체와는 달리 먹물과 붓, 습식 종이가 주는 과하게 이완된 느낌은

---

[8] '미술(back붓)' 폭이 넓은 붓.

우울과 비슷하여 매체와 함께 공명한다는 기분마저 들게 한다.

작업 및 활동 과정의 기록

"먹물이 퍼지는 모양 따라 눈동자를 움직인다. 먹물과 함께 말없이 조용히 붓에 집중한다."

"축축 가라앉고 무거운 감정을 화지에 물로 채운다. 번짐이 핏줄처럼 또는 생각의 파장처럼 퍼져 나간다. 태아처럼 우리의 시작을 말해 주기도 한다."

"아이에게 신경 쓰다 보니 그림에 집중하지 못해 그들의 요구에 따라 붓을 잡고 먹물을 찍어 본 것밖에 기억에 남지 않는다. 나의 무의식을 담고 싶었다. 작업이 끝난 후 집에 와서야 우울함이 먹물 번지듯 내게 스며들었다."

"건강한 종이에 물 뿌려 보니 괜스레 종이에게 미안한 마음이 든다. 물을 흠뻑 적시다 못해 내뱉고 있는 화지는 우울해 보였다."

"먹의 번짐이 묘한 카타르시스를 느끼게 해 주었다. 우울이 핏방울처럼 무겁게 떨어졌다가 급속도로 자신의 영역을 넓혀 가고 이어지는 모습이 보였다."

여섯 번째 만나는 감정
'기쁨'

6개 행성 나와 너의 기쁨 이야기

'꿈쟁이주비건'이 들려주는 기쁨 그림 이야기

기쁨이란 반지는[9]

이해인

기쁨은

날마다 내가 새로 만들어

끼고 다니는 풀꽃 반지

누가 눈여겨보지 않아도

소중히 간직하다가

어느 날 누가 내게 달라고 하면

이내 내어주고 다시 만들어 끼지

크고 눈부시지 않아

더욱 아름다워라

내가 살아 있는 동안

많이 나누어 가질수록/그 향기를 더하네

기쁨이란 반지는

---

9) 이해인, 『작은 위로』, 열림원, 2021, 84쪽.

'최근 내가 기뻤던 적이 언제였었지?'라는 내면의 질문에 떠오르는 이미지는 환한 얼굴에 터져 나오려는 함박웃음을 손으로 입막음하며 참으려 해도 온몸에서 뿜어져 나오려 꿈틀대는 기쁨의 에너지…. 그러다 결국 폭발하듯 양팔을 하늘로 뻗으며 달려 나가서 웃는 얼굴로 소리 지르며 행복해하는 모습이다. 언제였지?

6전 7기로 합격했던 대학원 입학시험 결과 발표날이 생각난다. 떨리던 손끝으로 컴퓨터 화면의 결과 버튼을 마우스로 클릭하기 전 불안으로 요동치던 심장은 '합격'이라는 한 단어로 인해 기쁨이라는 감정과 함께 아름다운 리듬의 나팔 소리와 폭죽을 터뜨리며 핑크빛 하트로 바뀌었다. 6년간 내리 시험과 면접으로 쓰디쓴 실패의 고배를 들다가 7년째 되던 해 합격을 하던 날은 내게 주체할 수 없는 입가의 씰룩씰룩 미소와 눈썹의 상승 댄스를 가져왔다. 오랫동안 노력하며 기다려 온 기쁜 소식인 만큼 밀려오는 감정의 파동도 엄청났다. 그 감정이 파도가 너무 높고 강해 나눠야 안정이 될 것 같았다. 가족은 물론이고 친구 및 직장 동료에게 모두 달콤한 음료를 나눠 주며 기쁨을 알렸다. 내게는 그 모습이 〈그림 1〉에서의 비눗방울을 세상을 향해 불고 있는 어린아이로 느껴졌다. 아마도 그 순간 내 안의 아이가 좋아서 폴짝폴짝 뛰고 있었을지도 모른다.

〈그림 1〉 소녀, 비눗방울을 불다(2022)
종이에 수채색연필. 29.7cm×21cm

〈그림 2〉 인생이라는 음악(2021)
종이에 파스텔. 21cm×29.7cm

실제로 그림 속 아이와 비슷한 9살이던 시절 어머니께서 막냇동생을 낳아 포대기에 싸안고 집으로 오셨다. 그때 나는 같이 놀고 있던 바로 밑의 동생과 너무 기분이 좋아서 막냇동생이 태어났다는 소식을 자랑하며 온 동네를 다녔던 것 같다. 내게 기쁨은 이렇듯 반가움으로 다가와서 행복으로 머문다. 그때의 기뻐했던 어린 소녀는 지금도 그렇게 기뻐하며 살고 있다.

또 '기쁨' 하면 무조건 떠오르는 것이 〈그림 2〉에서처럼 음악의 선율이다. 내게 있어서 타인들과 기쁨을 나누던 경험 중에는 함께 음악 속에서 노래하는 순간이 존재한다. 그들과 화음을 맞추며 하나가 된 느낌을 갖게 될 때는 전율이 느껴진다. 높은음자리표, 낮은음자리표, 다양한 길이의 음표의 움직임은 마치 타인과의 관계 속에서 발생하는 상황 조율인 거 같다. 그들과 감정이 어긋날 때는 튜닝을 해서 조화로운 적절한 음을 찾아가야 하니 말이다. 지금 함께 공부하는 동기들과 따뜻하고 안전한 공간 내에서 음악을 하듯이 그림 그리고, 강의 듣고, 얘기 나누며 매 순간 삶의 음을 그려나간다. 타인과의 조화로 인한 기쁨은 그 공명으로 인한 감정의 강도를 최대로 끌어올리며 환희의 폭죽을 터뜨려 주기도 하니 이 얼마나 멋진가! 기쁨의 감정을 파스텔과 수채 매체로 표현하면서 좀 더 다양한 색을 썼으면 좋았겠다는 생각이 작품을 끝내고 나서 들었다. 어쩌면 아직은 나의 인지 구조 속에 감정의 스펙트럼을 충분히 표현해 낼 만한 색채 팔레트가 장착되지 않았을 수도 있다. 불과 흑백, 무채색에서 벗어나 색을 다양하게 써 본 게 최근이니까! 기다림이 필요하단 생각이 든다.

문득 이해인 수녀님의 또 다른 시가 떠오른다. 『작은 기쁨』[10]에서는 "사랑의 먼 길을 가려면/작은 기쁨들과/친해야 하네… 작은 기쁨들은/이제 큰 빛이 되어/나의 내면을 밝히고/커다란 강물이 되어/내 혼을 적시네" 시에서처럼 우리 인생…, 아니 적어도 나의 인생에서는 작은 기쁨들이 내가 지치고 힘들 때 영양제 역할을 하며 다시 삶을 이어 나갈 수 있는 기운을 불어넣어 주었다.

가만히 자리에 앉아 고요한 호흡과 함께 기쁨에 대해 생각을 해 본다. 내게 삶의 영양제 같은 기쁨이 나이가 더 들어가고 몸이 예전 같지 않은 요즘은 더 자주 많이 필요하다는 생각이 들고, 그러기에 기쁨은 소소하게 더불어 함께 인생길을 가는 좋은 도반 같은 감정이어야 한다는 결론에 도달했다. 소·확·행! 나만의 케렌시아(안식처)에서의 소확행! 기쁨!

그렇게 살다 보면 이해인 수녀님의 시에서 얘기하고 있듯, 티끌 모아 태산이 아니라 작은 기쁨 모아 사랑으로 가득 찬 내 영혼이 되지 않을까!

---

10) 이해인, 『ebook 작은 기쁨』, 열림원, 2018, 1부.

"그림을 보는 것만으로도 행복하고 흐뭇한 기분이 들어요."

"그때 그 모습으로 빛나다가 향기와 여운을 남기고 사라지는 게 자연스럽다 여기는 꿈쟁이주비건의 삶에 대한 철학이 여러 감정에서도 보이는 듯해요."

내가 나에게…

처음에는 혹 불면 날아가서 어느 땅에 내려앉아 꽃으로 피어나는 '민들레 홀씨'로 기쁨을 표현해 볼까도 했다. 하지만, 다른 감정들처럼 기쁨이란 행복한 감정도 또한 영원히 머물지 않더라! 그래서 선택한 비눗방울! 다양한 크기의 비눗방울을 원 없이 불며 그 시절 감정으로 '기쁨'을 벗 삼으리라!

당신은 '꿈쟁이주비건'에게 해 주고 싶은 말이 있나요?

'안방마님'이 들려주는 기쁨 그림 이야기

언젠가부터 성공한 사람, 부유한 사람이 되고 싶었다. 다른 사람들에게는 내가 만족하는 '나의 모습으로 살기 위해'라고 말했지만, 남들보다 나의 재능이 뛰어나길 바랐고, 다른 사람들보다 삶의 형편이 더 좋았으면, 그들보다 행복해 보이기 위해 살아온 시간이 많았다.

못났지만 그렇지 못한 경우에는 가진 사람을 미워하기도 했다.

원하는 것을 가지거나, 하고 싶은 일을 성취했을 순간은 기뻤지만 그 순간은 오래 가지 못했다. 또 다시 새로운 것을 가져야 하며, 새로운 일을 시작해야 했기 때문이다. 가지면 가질수록 또 그것을 위해서 노력해야 했다.

문득 길을 걷다가 지금 이 순간이 기쁘다고 생각했다. 따뜻한 햇빛, 귀에서 흘러나오는 좋아하는 음악, 옅은 연두에서 초록으로 변해 간 나무, 조금씩 꽃망울을 틔어 가는 꽃들, 그리고 튼튼한 다리로 걸어갈 수 있는 나의 건강함.

우리가 '안방마님'과 나누었던 이야기

"사람들은 성취했을 때 만족감으로 얻는 그 기쁨이 굉장히 큰 사람들
이 많다라는 생각을 하게 되었다. 글을 쓰면서 만족감을 느낄 수 있는
일들만 생각이 났었는데, 성취해서 느끼는 그 기쁨이 아닌 그냥 온전히
느끼는 그 기쁨을 느끼고 싶다."

충만함(2022)
캔버스에 오일파스텔. 31.8cm×40.9cm

"모두의 피드백을 들으며 그녀들은 뭘 해야만 자신의 존재가 있음을

느끼고 있는 것을 알게 되었다. 무가치한 인간이라고 느끼는 그 순간 그래도 괜찮다는 위로를 건네 보는 것이 어떨까?"

"기쁘지 않은데 기쁨 주제를 보며 어쩌라고 이제 기쁘지 않은데, 여기서는 말을 안 해도 뭐라고 할 사람이 없고 다 들어주는 그냥 웃고만 있어도 되는 이러한 순간이 어찌 기쁘지 아니한가."

내가 나에게…

기쁨이라는 것을 생각하니 명예, 돈, 성공 등의 성취감이 강한 일, 사회적 지위로 얻을 수 있는 일들로만 생각했던 것 같다. 특별하지 않아도 작고 소소한 기쁨들도 큰 기쁨이 될 수 있음을 알았다.

당신은 '안방마님'에게 해 주고 싶은 말이 있나요?

_____

_____

_____

_____

'너구리보살'이 들려주는 기쁨 그림 이야기

'기쁘다'는 단어는 내 세상엔 없었다. 평생 "나 너무 기뻐."라는 말을 단 한 번도 내뱉어 본 적이 없는 듯하다. 적어도 지금 기억에서는 딱히 떠오르는 것이 없다. 기쁠 때 마음껏 기뻐하는 표정을 지으면 죄를 짓는 것 같은 느낌이 든다. 마치 간지럼힘을 참는 게임과도 비슷하게 표정 관리 시스템이 내 몸에 장착되어 있음을 매번 인지하고 있다. 마흔을 넘기며 기쁨의 표현을 마음껏 얼굴로 표현할 때가 많아졌다. 최근 사진에 찍힌 내 모습은 어릴 때처럼 자연스럽게 웃고 있다.

가족과 함께 있는 상황에 무심코 나의 기쁜 감정이 표정으로 표현되고 있을 때, 가족 중 누군가와 눈이 마주치면 깜짝 놀라는 내 모습을 발견한다. 표정을 어떻게 숨겨야 할지 몰라 난감해 하는 표정이 기쁜 표정 위를 덮는다. 기쁨은 마치 금기시된 감정인 것마냥 살았던 것 같다. 그래서 어쩌면 내 안에 일어나는 기쁨을 차단하기 위해 나를 기쁘게 하는 어떠한 것도 하지 않았었나? 죄책감이 느껴지니 숨기려고 했었나? 라는 생각이 든다. 그래서 나는 가족이 없는 상황에서만 기뻤다. 내 아이를 낳고 기쁜 상황에서도 아무도 없는 상황에서만 나는 기쁨을 표현했고, 현재까지 내가 내 딸에게 애정 표현을 하고 있는 모습을 친정 엄마가 볼 때면 금방 그 행동을 멈추거나 눈치를 보며 강도를 약하게 조절한다.

기쁨이라는 단어를 계속 떠올리다 보니 내 안에서 느껴지는 기쁨보다는 타인이 나에게 주는 기쁨만을 느끼고 살았다는 것을 알게 되었다. 내 안에서 기쁨을 찾지 못하고 철저히 배척하며 살다 보니, 자존감이 낮을 수밖에 없었고 그 허전함을 외부의 것들로 채우려 했었나 보다.

꽃 내음이 나는 떠오르는 태양(2022)
펠트지에 아크릴 물감. 30cm×45cm

현재 나에게 가장 큰 기쁨을 주는 것은 아이들이다. 옆에 있어도 기쁘고, 자신들이 한 도전에 성과를 이루었을 때도 기쁘고, 이제는 많이 성장해서 오히려 나를 돌봐 주고 도와줄 때면 나는 매우 기쁘다. 그리고 마음이 풍족해지고 만족스러워진다.

그리고 나는 성과적으로 뭔가를 이뤄 냈을 때 기쁨을 느낀다. 일상에서 느껴지는 즐거움을 기뻐해도 되는데 나에게 참 야박했다는 생각을 해 본다. 주변에서는 왜 그렇게 본인에게 대하는 잣대가 타인에게 대하는 잣대보다 월등히 높은지 고민해 볼 필요가 있다고 얘기한다. 그때마다 '사람마다 다른 거지 뭐.'라고 흘려 넘긴다. 어쩌면 들여다보기 위해 어디서부터 어떻게 시작해야 하는지 막막했기에 회피하며 지냈던 것 같다.

주변에서 나에 대해 이야기하기를 작은 일에도 잘 웃고, 주변 분위기를 밝게 만드는 힘이 있다고 한다. 하지만 아이러니하게도 기쁨 감정을 가장 못 느끼고 있다. 감정을 느낄 이유가 분명히 없으면 본인에게 형벌을 내리듯 느끼면 안 되는 감정으로 살고 있었다. 기쁨의 감정을 편안하게 받아들이지 못하게 된 계기는 어디에서 왔을까?

분명 내 안에 있는 기쁨은 반짝반짝 환한 빛을 머금고 있다. 예쁜 꽃잎도 살랑살랑 떠다니고 싱그러운 풀잎이 산들산들 바람에 자연스레 춤을 출 때 내 몸은 이미 그 속에 속해져 있다. 나이프로 글리터 화이트를 쭉 짜서 전체를 바를 때 펠트지가 물감을 머금어 줄 때 내 감정이 허용되듯 안정감을 찾아간다. 내 가슴 한가운데 뜨겁게 달아오르는 태양은 빨강머리 앤, 하니가 달릴 때 보이는 기쁨의 표정이다. 광목천에 있는 꽃 자수는 산들산들 나비가 날아다니며 기쁨 가루를 뿌리는 듯하다. 이런 모습의 기쁨이 내 모습임을 드러낸다.

우리가 '너구리보살'과 나누었던 이야기

"혹시 가족들이 내가 표정 관리하고 있다는 것을 인지하고 있는가요?"

"당신의 초기 기억 중 기뻤던 순간은 언제인가요?"

"기쁨의 감정도 다른 감정 작업 때마다 떠오르는 '책임감' 단어와 연관이 있을까요?"

"학창 시절 우울의 감정도 밖으로 표현하는 것이 금기시 되어 있었으니 반대의 기쁨의 감정도 어려운 것이 아니었을까?"

내가 나에게…

"장소가 주는 에너지가 나에게 있는가? 특정 인물, 특정 장소에서 컨트롤하고 있는 나의 모습을 구분해 보자!"

"애도를 언제 제대로 했는가? 나는 정말 여러 감정을 직면할 용기는 있는가?"

"원가족 구성원들은 기쁨의 표현을 어떻게 하고 있는가? 내 가족을 살펴볼 생각은 못 했다."

당신은 '너구리보살'에게 해 주고 싶은 말이 있나요?

_____

_____

_____

_____

'별별요정'이 들려주는 기쁨 그림 이야기

'기쁨'이라는 단어는 나에게 거대한 환희의 순간을 떠올리라는 거 같다. 한참을 생각해 봐도 기쁨의 순간이 생각나지 않는다.

그래서 질문을 바꾸어 '내가 언제 웃었지?' 하고 생각했다.
가장 최근에는 아이가 엉덩이를 실룩실룩 흔들면서 깔깔깔 웃으며 춤추고 노는 모습에 웃었다. 마음 맞는 친구와의 수다에 얼굴 근육이 아플 만큼 웃었다.

요즘은 이런 소소한 즐거움과 기쁨이 많은 거 같다.

이게 기쁨이지 뭐 커다란 환희가 필요한가.

소소해서 기쁨인지 모르고 즐거운 일상을 누리고 있었던 거 같다.

어렸을 때의 나는 엄마가 사람들 앞에서 내 편을 들어 주면 참 어색

하고 부끄러웠지만 엄마의 마음이 느껴져 간질간질하면서 흐뭇했다. 표현이 인색한 경상도 엄마이기에 가끔 전해져 오는 엄마의 마음 소리가 참 기뻤다.

사람들 앞에 나가서 상을 받거나, 열심히 해서 좋은 성적을 받았을 때도 인정을 받는 마음에 스스로 참 뿌듯하고 신났었다.

내가 원하던 학교에 입학하고, 직장을 구하고, 일을 잘해서 사람들이 나를 필요로 하고, 내가 원하던 시기에 원하던 사람과 결혼을 하고, 아이도 낳고, 사람들과 소통이 제대로 이뤄졌을 때마다 찌리릿 하고 전율이 흘렀다.

때때마다 찾아오는 인생의 숙제 같은 큰일들을 내 바람대로 차곡차곡 이루어 나가고, 인정받고, 사랑받는 삶 자체가 기쁨인 것 같다. 돌아보니 참 복 받은 삶이다.

내 기쁨은 은은한 노란빛의 조명에 알록달록한 알전구들이 다양한 빛을 내는 풍경이다. 그런 밝고 환하고 따스한 느낌이 상상한 것처럼 그려지진 않아 여러분들에게 전달되지 않을 수도 있지만, 파스텔로 몽실몽실 은은하게 퍼져 나가는 빛을 표현했다. 온화하고 포근하고 하늘을 날아갈 것 같은 느낌이 내가 느끼는 삶의 기쁨이다.

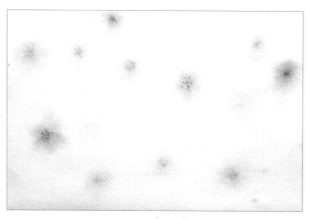

포근(2022)
화지에 파스텔. 21cm×29.7cm

우리가 '별별요정'과 나누었던 이야기

"자신이 가진 에너지, 자신의 성향, 기질, 나이, 가족의 분위기에 따라 기쁨이라고 느껴지는 것들의 의미와 크기가 다를 수 있을 거 같다. 결국 감정은 주관적이다."

내가 나에게…

소소한 기쁨과 즐거움이 주위에 많다는 걸 기억하고 싶다.

당신은 '별별요정'에게 해 주고 싶은 말이 있나요?

_____

_____

_____

_____

'돌삐'가 들려주는 기쁨 그림 이야기

기뻤던 적이 언제였나?

한참을 되뇌어도 생각이 선뜻 나지 않는다.

'기쁨'이라는 말이 이렇게 생경하게 느껴질 수 있나? 하는 마음에 사전을 찾아봤다. 고유 명사의 '기쁨'은 '어떤 만족감에 의해 느끼는 즐겁고 흥겨운 감정. 또는 그러한 일'이라 정의하고 있다. 만족감, 즐거움, 흥겨운 감정 또는 일이라~ 최근에 흠뻑 빠질 만큼 강력하게 다가온 감정은 분명 아니다.

그렇다고 삶에서 기쁨이 전혀 없는 것은 아니다.

기쁨은 아이들의 재롱, 남편의 배려, 지인의 격려, 내가 목표한 것을 이룬 만족감으로, 비록 찰나에 사라질 감정이지만 얼굴에 스치는 바람처럼 하루에도 여러 번 다가왔다 이내 사라진다. 섬광처럼 아주 짧은 감정이라 기억에 담지도, 품지도 못했던 것 같다.

기쁨은 나에겐 마치 신기루 같은 감정이다. 잡고 싶어 손을 뻗으면 이내 없다. 과업 중심의 현실만 눈앞에 놓여 있었다. 과거 어느 한 귀퉁이에 머물러 있는 기쁨의 감정은 현재나 미래에서는 찾기 어려울 뿐더러, 과거에서조차 겨우 헤집어야 찾을 수 있는 꼭꼭 숨은 감정 같다.

이런 생각을 하고 있자니, 내가 만족하지 못하기 때문에 '기쁨'이 머물지 못한다는 것을 또 깨닫게 해 준다. 과시적인 성공만을 위해 너무 빠른 속도로 달려 나가다 보니, 그 많은 기쁨을 기억하지도, 담지도 못했다는 생각에 머문다.

운명(2022)
16절 스케치북에 오일파스텔, 연필, 수채화물감. 21cm×28.8cm

내 생의 가장 큰 기쁨이 무엇인지 고민해 본다. 뭐니 뭐니 해도 두 아이가 내겐 가장 큰 기쁨이다. 기쁨의 작업으로 두 아이의 태몽 중 한순간을 그려 본다. 스케치부터 채색까지 그 어느 그림보다 손에 정성이 스며든다. 꽃잎 한 장도 여러 번 수정한다. 색을 입힐 때도 원하는 색감을 위해 고민하고 또 고민한다. 모든 것이 고요하고, 소중하며, 온화하다. 온 마음과 정신을 집중하여 그림을 그린다.

완성된 그림을 한참 쳐다본다. 말로는 설명되지 않는 기이하고, 찬란하고, 위대한 만남이 떠오른다. 바로 두 아이를 처음 만났던 순간이다. 그리고 지금까지 내 곁에 함께 머물러 주고 있는 기적에 감사하다.

이렇게 아름다운 기쁨이 늘 곁에 있었는데, 욕심과 채워지지 않는 불만이 눈과 귀를 닫아 놓았다. 선명하게 다가온 기쁨의 그림이 이제는 기쁨을 어디에 보관할 거냐고 되물어 온다.

우리가 '돌삐'와 나누었던 이야기

"태몽은 또 하나의 열쇠가 된다고 생각한다. 태몽은 부모에게 주어진 아이의 매뉴얼이라 생각한다. 얼마나 자세히 기억하고 풀이하느냐에 따라 더 많은 가이드를 해 줄 수가 있고, 지침을 줄 수가 있다. 아이도 자신의 정체성을 태몽에서 에너지를 받을 수 있다. 부모가 이렇게 자세히 태몽을 기억해 주고, 얘기를 들려줄 수 있다는 것만으로도 정말 좋은 추억이 된다. 그 작은 조각이지만 엄마에게 들었던 얘기가 내가 태어나기도 전에 내 모습을 미리 알려 주는 것 같아서 선물 받은 느낌이 평생 든다.

그림 표현이 참 예뻤다. 빛나는 달 혹은 태양 같은 형상, 하늘의 꽃, 바다가 예뻤다. 레이스 꼬리를 가진 고래의 의미를 찾아보기 바란다. 통상 고래 꼬리는 행운과 보호의 의미가 있다."

"그림이 너무 예쁘고, 바다가 너무 따뜻하게 느껴진다. 너무 뜨겁지도 차갑지도 않은 바다와 황금색 노을 같다는 생각이 든다. 엄마 고래와 새끼 고래라고 생각했는데, 자식은 부모에게 어쩔 수 없는 제일 큰 기쁨이라고 생각이 든다. 처음에는 고래가 눈에 들어왔는데, 나중에는 물결이 눈에 들어왔다. 물결이 마치 따뜻한 엄마를 나타내는 듯하다. 그림을 보니 엄마가 보고 싶다!"

"태몽이 아이의 일생을 미리 보여 준 것 같은 느낌이 좋은 점도 있고, 나쁜 점도 있는 것 같다. 나도 모르게 상당 부분 태몽을 신경 쓰며, 지금 있는 아이를 제대로 보지 못했다. 나의 어떤 욕심일 수도 있고, 기대감일 수도 있고, 그런 마음이 늘 도사리고 있다 보니, 아이에게 실망하게 될 때도 있었다. 그러다가 어느 순간부터는 그런 생각을 좀 내려놓았다. 태몽에서 느낀 게 좋든 나쁘든 아이에게 가진 심리와 감정을 내려놓으니 아이와 훨씬 더 자유로워졌다.

태양? 달? 황금 같은 뭔가 떠다니는 느낌의 그림이었다. 꼬리와 연관되어 보이진 않았다. 꼬리가 돛처럼, 튜브처럼 보이기도 하고, 빛나는 것에 폭 안겨 있는 느낌이 든다. 그린 이의 마음이 느껴지는 그림이었다."

"아이와 자유로워지고 싶으시다는 생각이 든다."

"사전적 의미에 '만족감'이 들어가 있다는 것에 위로가 된다.

자유로운 아이에게 넓은 세상이 필요한데, 그 넓은 세상이 차갑거나 위험하거나 험난하지 않은 느낌을 받는다. 그림에서 엄마가 어릴 때 잘 돌봐 준 그 에너지를 가지고 세상을 잘 탐험하면서 넓은 세상을 잘 돌아다닐 것 같은 그런 느낌이 들어서 따뜻한 안정감이 느껴진다."

내가 나에게…

나의 그림이 보여 주기식 기쁨, 가시적인 이미지의 표현은 아닌가 자문해 본다.

그러나 이내 그렇지 않음을 알게 된다. 아이들은 내게 올 운명이었구나. 그리고 그 운명은 정말 독특해서 거부할 수조차 없이 받아들여지는 나의 기쁨인데도 알아차리지 못하고 늘 아웅다웅하고 살고 있었구나. 왜 그 기쁨을 느끼지 못하고, 만족하지 못하고, 사회 통념 속 욕망과 욕심에 눈이 멀어 내게 가장 기쁨의 존재들에게 악다구니를 보였는지 소름이 돋는다. 아이들이 건강하게 숨 쉬고 있고, 내 곁에 있는 것만으로도 내겐 기쁨이었던 시절이 있었는데.

태어난 이래로 그림을 이렇게까지 정성스럽게 오래 그려 본 적은 처음이다. 부디 아이들이 잘살라고, 살아 달라고, 기도하는 마음으로 그림을 그린다.

연기처럼 사라지거나 기억나지 않을 수많은 기쁨의 순간들이 있겠지만, 아이들 존재의 기쁨만큼은 내 눈앞에 늘 있는 기쁨임을 잊지 않고 각인시키고 싶어 그림으로 내 마음과 감정을 새겨 본다. 민들레 홀씨가 퍼져 언덕이 노란 꽃들로 덮이듯, 그림 속 마음과 감정이 퍼져 내 삶과 아이들의 삶에 기쁨의 꽃이 만발하기를 바라는 마음에서.

당신은 '돌삐'에게 해 주고 싶은 말이 있나요?

'소피아'가 들려주는 기쁨 그림 이야기

요즘의 나는 기쁨이라는 감정을 잘 자각하지 못하는 시간을 살아가고 있는 것 같다. 불안이나 우울, 분노와 같은 감정은 자각하기가 쉬운데, 나이가 들어갈수록 기쁨의 감정은 점점 옅어지는 것처럼 느껴진다.

그래서인지 기쁨이라는 감정을 마주하고 이미지를 떠올려 보는 것이 실로 오랜만인 것 같았다.

기쁨이라는 감정을 만날 때 나의 얼굴엔 미소가 지어지고, 눈가에는 작은 주름이 잡히며, 몽글몽글한 무지갯빛 방울이 터지기도 하고, 꽃가루가 흩날리는 듯한 환상을 맞이하곤 한다.
나에게 강렬하게 각인된 때가 언제였더라?

제일 먼저 떠오르는 기억의 조각 하나는 초등학생 때 몇 달을 노력해서 두드린 가운데 참가하게 된 '노래동산 꽃동산'의 동요대회 예선 통과

했을 때이다.

어린 내가 스스로 정성을 기울이고 노력한 만큼 이뤄 낸 최초의 성공적인 결과였다.

너무나 기뻐서 늦은 밤 버스를 타고 가는 그 길이 마치 구름 위에 앉는다면 이런 느낌이 아닐까 하는 생각을 했던 그 느낌이 여전히 생생하다.

그 이후로 이와 비슷한 감정을 느꼈을 때가 또 언제였더라….

가고 싶었던 대학교에 입학하게 되었을 때, 내가 원했던 사랑의 고백을 받았을 때, 주위의 반대에도 불구하고 내가 선택한 사람과 결혼했을 때, 원하던 공부와 일을 할 수 있는 기회가 생겼을 때, 원하던 아이를 낳고 양육을 할 때….

이렇게 적어 나가 보니 내가 간절히 원하던 무언가가 이뤄졌을 때 주로 기쁨을 느꼈음을 보게 된다.

인생의 어떤 순간마다 찾아온 나의 욕구와 이를 이루어 가는 나의 삶이 결실을 보았을 때, 이렇게 기쁨을 누리나 보다.

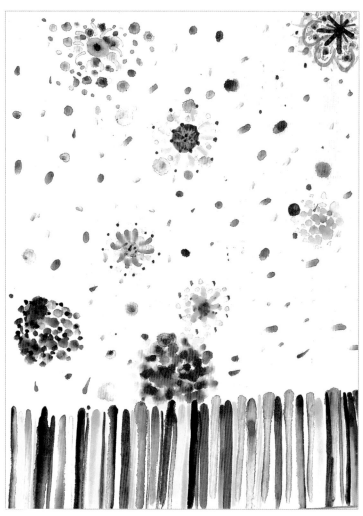

기쁨의 향연(2022)
화선지에 수채화 물감. 60cm×40cm

그래서일까? 나도 모르게 꽃망울, 폭죽, 방울 같기도 한 모양들을 다양한 색깔로 화선지에 그렸던 것 같다.

그리는 동안 기쁨의 감정이 다시금 퐁퐁 솟아나는 것을 기분 좋게 경험하기도 하고, 요즘 내가 느끼고 있는 기쁨의 감정에 대해 생각해 보았다.

예전처럼 그리 간절히 원하는 것이 없고, 그저 평범한 오늘의 일상이 잔잔하게 편안히 흘러가는 것에 만족하는 나를 보았고, 그냥 이 가운데 즐거움과 기쁨을 느끼는 것 같다.

오늘도 별 탈 없이 지낸 평범한 하루, 불편하지 않은 관계들, 나의 영역이 지켜지고 있는 것에 대한 안도감, 이런 것들이 여러 가지 색깔의 선들로 표현된 것처럼….

이런 색색의 선들이 일상을 이루어 가다가 어느 순간 나의 간절한 욕구가 불쑥 올라와 성취했을 때 강렬한 기쁨의 감정이 나를 감싸기도 하는 것 같다.

그림을 그려 나가면서 기쁨의 감정이 나를 따뜻하게 감싸고 있는 듯한 느낌이 들었고 미소를 짓고 있는 나를 발견했다.

지금, 이 순간 그림을 그리고 내가 나를 알아본 시간이 기쁘다. 완성된 그림을 보면서 기쁨의 에너지를 만나고 있는 감정을 다시 한번 느끼고 있다.

일상에 매 순간 스며들고 있는 잔잔한 기쁨이 기쁘다.

우리가 '소피아'와 나누었던 이야기

나의 그림과 이야기에서 자신의 기쁨이 표현된 것과 어쩌면 이 기쁨이 떠오르지 못해서 슬프고 힘들었을 것 같았다는 그녀들의 피드백이 우리 안의 기쁨을 더 증폭시켰다.

불안의 가면으로 얼굴을 덮었던 그 색깔들이 정리되어 안정된 느낌, 민들레 홀씨처럼 퍼트려지는 기쁨의 감정을 발견하는 모습에서 따뜻한 기쁨을 맛보기도 하였다.

내가 나에게…

색색의 선들이 다양한 내 삶의 요소였고 감정이었다. 오늘 나는 어떤 색깔의 시간을 살고 있나….

당신은 '소피아'에게 해 주고 싶은 말이 있나요?

_____

_____

_____

_____

어떤 행성의 이야기가 나의 이야기와 닮아 있나요?

떠오른 기억이나 느껴지는 감정이 있나요?

_____

_____

_____

_____

_____

_____

2장

6개 행성 우리 모두 '기쁨, 그림으로 연결되다

'기쁨으로 날다!'

온몸으로 보여 준 기쁨의 시작

'기쁨'이라는 단어가 주는 에너지는 우리를 이미 기쁘게 만들었다. 춤을 추듯 미술 재료 진열장을 오가는 발걸음은 가벼웠고, 미소 가득한 얼굴로 서로에게 건네는 목소리에도 한껏 들떠 있음을 느낄 수 있었다. 예쁘게 주름진 눈가, 빙그레 미소가 지어진 입꼬리, 신나게 춤을 추고 있는 손가락들이 우리안의 기쁨을 드러내고 있었다.

'기쁨'은 우리를 과거로 돌려놓았다

수줍은 분홍빛 볼을 가진 어린 소녀의 기분을 소환했고 그 기분에 심취한 그녀들의 얼굴엔 발그스레한 생기가 띤 미소가 작업 내내 떠나지 않는다.

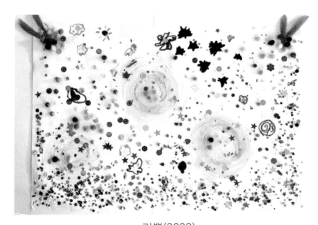

기쁨(2022)
스팽글, 물감, 글리터펜 등. 63.6cm×48.8cm

우리가 느끼는 '기쁨'이라는 감정…

기쁨은, 밤하늘에 폭죽이 수놓듯 내 마음속의 따뜻한 무지갯빛 햇살과 같다.

기쁨은, 화사하고 환하고 밝고 몽글몽글하고 포근함으로 느껴진다.

기쁨은, 언제나 나에게 깃털처럼 가볍고 상쾌한 그 무엇이다.

기쁨은, 우리의 인생이 빛나고 있다, 그래도 '살 만한 시간'이라는 것을 말해 주어 위로가 되는 듯하다.

미술 매체는 우리의 기쁨을 더했다

01. 스팽글, 폼폼, 구슬, 깃털, 글리터 펜

반짝이는 스팽글, 몽글몽글 폼폼, 글리터 펜, 알사탕 같은 구슬들과 훨훨 날아갈 거 같은 분홍빛의 깃털 등 입체적이고 알록달록한 색감의 매체들이 보여 주는 기쁨의 향연. '기쁨'이라는 감정이 아니면 불러 모을 수 없는 매체들 아닌가! 반짝반짝 기쁨의 별들이 온 세상에 흩뿌려졌다. 그녀들은 기쁨의 반짝임에 더욱 신이 나서 미술 재료 진열장에서 기쁨을 표현할 수 있는 각양각색의 매체를 연이어 가지고 온다. 기쁨에 어울리는 매체를 고르는 손길에 즐거움과 신나는 감정이 묻어난다.

02. 목공풀

과감하게 뿌려지는 목공풀은 시원한 쾌감까지 느끼게 해 준다. 도화지 위 가득 뿌려진 목공풀 더미를 닭개로 전지 전체에 펴 바를 때 열과 각을 잘 맞췄을 때처럼 묘한 희열과 만족감을 선사한다.

화지 위에 반짝이들을 고정시키기 위해 뿌려진 목공풀은 투명하게 마르며 빛을 받아 더욱더 반짝인다.

기쁨의 빛을 노란 물감이 대신해 준다. 빙글빙글 돌려 가며 아이가 얼음 위를 엉덩이로 미끄러져 내려오듯 손가락으로 춤을 춘다. 목공풀에 물감이 더해지자 미끌미끌 더욱더 부드러운 촉감이 느껴진다.

우리 모두 한마음으로 화지에 '기쁨'을 채운다

귓가에 '팡! 팡! 팡! 팡!' 하는 불꽃 터지는 소리가 들린다. 환한 노란 빛이 행복하고 기쁨의 시공간으로 인도한다. 반짝이는 것들로 작업에 몰두하니 기쁨의 순간들이 눈부시고 환한 햇살 같다는 느낌이 들었다. 기쁨의 햇살 아래서 모두가 반짝반짝 빛이 난다. 캔버스에 담긴 우리의 기쁨이 오늘도 여전히 빛나고 있어 감사하다. 기쁨의 불꽃놀이 쇼를 즐기는 기분이다.

노랑 물감이 안전한 둥지처럼 자리 잡는다. 파랑새 7마리가 우리의 행복을 염원하고자 둥지에서 깨어나 하늘을 훨훨 날아오른다. 우리들의 기쁨이 가득 담긴 집단화에 분홍 날개를 달아 하늘로 띄우고 싶은 마음이 들었다. 파랑새는 찾고 싶고 보고자 하는 이에게만 보인다. 기쁨도 찾고 싶고 보고자 하는 이에게만 느껴진다. 우리 모두가 어린 아이의 순수한 기쁨의 파랑새를 찾은 것 같다.

다양하고 너무 많은 양의 매체가 기쁨을 제대로 표현하는 데 방해가 될까 걱정이 되기도 했다. 그러나 완성된 작품은 매우 아름다웠다. 한마음으로 완성한 작품이 잘 유지되고, 우리의 기쁨이 오래오래 남기를 바라며 목공풀로 꼼꼼하게 덧발랐다.

일곱 번째 만나는 감정
'사랑'

6개 행성 나와 너의 사랑 이야기

'꿈쟁이주비건'이 들려주는 사랑 그림 이야기

'태초부터 사랑은 존재하였다.'

인간이 지구상에 존재하기 전부터 사랑이 있었다. 신이 진흙으로 최초의 인간을 만들었고, 그들 사이에 사랑이 피어나 지금이 있다는 생각을 작품으로 표현하고 싶었다. 서랍장 위에 덩그러니 놓여 있던 찰흙 네 봉지를 뜯었다. 단단하게 굳어 물렁해지지 않을 것 같던 덩어리들이 물을 묻혀 조물락조물락 만지니 어느새 몰랑거린다.

먼저 '사랑이라는 대지'를 평평하게 만들고, 그 위에 예전 미술치료 워크숍에서 만들었던 나무를 그 가운데 세워 보았다. 작품에 나름의 서사를 담자면, 이러하다. 최초의 땅 위에 사랑의 감정이라는 씨앗이 생겨나고 거기에 태양이 내리쬐고, 비가 촉촉이 내리면서 사랑은 나무로 자라나고, 그 나무에 여러 감정의 열매가 맺히게 된다. 사랑의 열매는 공포, 분노, 기쁨, 슬픔, 외로움 등등 아주 다양하다는 것이 핵심이다. 모든 감정의 시작인 대지… 그것이 사랑이라는 표현을 하고 싶었다. 더 나아가 그 공간 속의 대기, 하늘, 태양, 새소리, 모든 것이 사랑이다. 〈그림 1〉의 제목은 좀 더 오랜 느낌의 언어로 표현하고 싶었다.

〈그림 1〉 Terra Amor ver.1(2022)
찰흙, 작은 돌, 나뭇가지, 실. 28cm×20.9cm×14cm

그래서 배운 적은 없지만 사전을 뒤적여 라틴어로 사랑이라는 단어와 대지라는 단어를 조합하여 'terra amor'라고 지어 보았다. 제목이 주는 대지라는 느낌이 땅을 차지하는 찰흙 면적에서 너무 작게 느껴져서 고민이 되기 시작했다. 사랑을 상징하는 대지의 파트를 넓게 표현하고 싶은 생각에 버전 2로 작업을 다시 하기로 마음먹었다. 그때 〈그림 2〉의 2021년 고급집단미술치료 수업시간 '사랑'이란 감정 그림

이 순간 머릿속에 떠오르며, 파스텔로 표현된 색깔이 마음에 쏙 들었던 기억이 났다.

〈그림 2〉 사랑(2021)
종이에 파스텔. 29.7cm×21cm

분홍, 하늘, 노랑, 파랑, 오렌지 등의 색과 땅을 표현할 색의 오일파스텔을 꺼내 놓고, 〈그림 1〉을 출력해서 나무만 오려 붙여 콜라주로 버전 2가 탄생하게 되었다. 지금은 드넓은 대지에 한 그루의 나무로 덩그러니 있지만, 주위를 가득 채우고 있는 사랑이 꽃으로, 열매로, 씨앗으로 그리고 또다시 나무로 자라 곧 그림의 대지를 풍성히 메우리라!

〈그림 3〉 Terra Amor ver.2(2022)
종이에 오일파스텔과 사진 콜라주. 21cm×29.7cm

　사랑의 감정은 내가 느끼는 모든 순간에 녹아 있다. 나는 내 삶 속에서 사랑이라고 명명하고픈 핵심적인 장면이나 대상은 과연 어디 있을까 탐색해 보았다. '나'였다. 자기애에서 나의 사랑은 시작되었다. 적어도 나를 비롯해 모든 사람들은 자기를 사랑함으로써 사랑을 시작하는 듯 보였다. 내가 잘되기를 바라서 나를 스스로 채찍질하면서 열심히 살았고, 내가 다른 이들에게 사랑받는 모습이 좋아서 그렇게 타인들에게 최선을 다했던 것 같다. 그렇게 살다 보니 사람을 좋아하고 그리고 자연을 사랑하고 내가 하는 일에 최선을 다해 즐기려 하는 내 모습이 있었다. 그 모습이 지금까지의 '나'이고, 앞으로의 '나'일 것이다. '사랑'이다. 〈그림 3〉의 나무의 모습으로 내가 서 있다.

'꿈쟁이주비건'과 나누었던 이야기

"비옥한 땅에 뭐든 잘 자랄 것 같아요."

"그림에서 공감받는 느낌이 드네요."

"그림의 제목은 '생명 창조'로 하고 싶군요."

"토양의 높은 밀도가 안정감을 줍니다."

내가 나에게…

땅에서 자라날 새로운 감정 나무들의 열매들이 궁금해진다. 잊지 않으리라! 그 모든 것의 근원은 '사랑'이었음을.

당신은 '꿈쟁이주비건'에게 해 주고 싶은 말이 있나요?

_____

_____

_____

_____

'안방마님'이 들려주는 사랑 그림 이야기

구름 위를 걷는 기분(2021)
화선지에 수채물감. 37cm×50cm

"당신 생각은 왜 그래? 이 세상에서 가장 소중한 아름다움이 해변가 조약돌처럼 그냥 버려져 있다고 생각해? 무심한 행인이 아무 생각 없이 주워 갈 수 있도록? 아름다움이란 예술가가 온갖 영혼의 고통을 겪어가면서 이 세상의 혼돈에서 만들어내는, 경이롭고 신비한 것이야. 그리고 또 그 아름다움을 만들어 냈다고 해서 아무나 그것을 알아보는 것도 아냐. 그것을 알아보자면 예술가가 겪은 과정을 똑같이 겪어 보아야 해요. 예술가가 들려주는 건 하나의 멜로디인데, 그것을 우리 가슴속에서 다시 들을 수 있으려면 지식과 감수성과 상상력을 가지고 있어야 해."

"그럼 저는 왜 당신의 그림이 늘 아름답게 느껴지죠? 처음 본 순간부터 감탄한걸요." 스트로브의 입술이 약간 떨렸다.

『달과 6펜스』 서머싯 몸

사랑이라는 주제를 받고, 생각해 본다. 부모님이 주는 사랑, 물건에 대한 사랑, 성직자가 신자들을 향한 사랑, 동물을 향한 사랑, 친구를 향한 사랑, 이성 교제를 하며 느끼는 사랑, 자연을 생각하는 숭고한 사랑. 세상에 다양한 사랑이 존재한다.

석사 과정에서는 자기 탐구를 하며 엄마, 아빠가 나를 향한 사랑에 대하여 알아갔었고, 이번엔 이성에 대한 나의 사랑의 감정을 한 번 정리해 보고 싶어졌다.

누군가를 만나 사랑에 빠지는 순간, 속물적이지만 그 사람의 외모, 능력을 보고 한 번 만나 볼까 하는 마음을 가지게 된다. 그러다가도 생각했던 기준과 달리 의외의 상황에서 사랑에 빠져 버리는 순간이 있다. 『달과 6펜스』의 구절은 그 순간의 나의 마음 같았다. 내가 좋아하는 것을 같이 좋아할 때, 내가 좋아하는 것을 알아봐 줄 때. 지구에서 이 사람과 나만이 존재하는 것만 같을 때.

사랑에 빠진 순간. 그 사람과 내가 마음이 같다는 걸 알게 되었을 때의 그 기분은 마치 하늘에 둥둥 떠다니는 구름 같다. 구름 위를 걷는 기분. 몽글몽글하고 솜사탕 같기도 한 기분. 한여름에 핑크빛 노을이 질 때의 그런 기분이다. 하지만 하늘 위 아름다운 노을이 진 보랏빛 하늘에도 밤이 되기 위해 어두운 어둠들이 깔려진다. 너무 좋아하는 사람이 되었을 때, 나보다도 그 사람의 안부가 더 궁금해질 때, 행복하지만 두려워진다. 나보다 다른 사람이 삶에서 일 순위가 되는 기분이 나를 불안하게 만든다. '내가 더 좋아하게 되면, 어떡하지?' 햇님, 달님이 구름 뒤로 숨듯이 나 또한 그런 순간에는 솔직해지지 못하고 뒷걸음칠 때가 있었다.

한때는 그림 밑의 짙은 분홍 구름처럼 강렬하고 짙은 사랑만이 살아 있는 것 같은 사랑이라 느꼈었다. 짙은 분홍 구름 같은 사랑을 할 때는, 아닌 줄 알면서도 그 순간에서 빠져 나올 수가 없었다. '내가 더 좋아해서 나를 떠나 버리면 어떡하지.'라는 불안이 싫어 그 사랑을 그만두고도, 지속하지 못하는 스스로가 못나 보였고, 그만두었음에도 그리워하는 모습이 참으로 싫었던 것 같다. 그러한 사랑을 했었고 그러한 감정에 충만했던 내가 싫지 않다. 어둠이 지나고 나면 다시 해가 뜨고, 해가 뜨면 다시 노을이 찾아오고, 기다리다 보니 그런 순간이 오는 것 같다.

이제는 짙은 분홍 구름 같은 사랑보다, 은은한 연한 보랏빛 같은 사랑이 좋다. 같이 있을 때, 따뜻하고 편안하게 해 주는 것. 내가 나인 것 같은 것, 나의 마음을 표현해도 불안하지 않고 믿음이 가는 것.

우리가 '안방마님'과 나누었던 이야기

사랑이 그림으로 표현될 때는 따뜻한 기운이 사랑으로 표현되는 것 같다.

내가 나에게…

나이가 들어가고, 상황에 따라 나에게 주어지는 사랑의 의미도 조금씩 달라져 가는 것을 느끼게 된다. 현재 나에게는 편안하고 따뜻한 사랑이 사랑으로 자리 잡고 있음을 알았다.

당신은 '안방마님'에게 해 주고 싶은 말이 있나요?

_____

_____

_____

_____

'너구리보살'이 들려주는 사랑 그림 이야기

　사랑이라는 단어를 생각하면 포실 포실한 딸의 뽀얀 살이 떠오른다. 잠자리에 들 때면 왼쪽엔 딸, 오른쪽엔 아들이 내 팔베개를 하며 눕는다. 이제 10대가 되어 호르몬 변화로 인한 사춘기 냄새를 풍기는 아들과 딸의 부드러운 머릿결과 포동포동한 볼살이 내 살에 닿고 몸을 웅크리고 꼭 껴안을 때면 세상을 얻은 듯 충만한 사랑이 나에게 느껴진다. 그렇게 아이들이 잠이 들고 난 뒤의 포근함은 어떠한 것으로도 대체할 수 없다. 아이들이 주는 충만함은 핑크색의 깃털이 하늘에서 하늘하늘 떨어지며 나에게 빛을 내려 주는 느낌을 준다. 마치 '기쁨' 작품과도 연결되는 듯하다. 깃털은 둥지를 만들어 폭신한 안정감으로 다가온다. 안정감은 둥지를 가득 채워 내 몸이 우주에 있는 것처럼 가볍게 느끼게 해 준다. 그 둥지 안에는 나의 사랑을 충만히 받을 수 있는 아이들이 있다.

　아이들이 존재함으로써 나의 존재를 확인한다. 내가 아이들을 돌봐 주며 사랑을 구걸하고 있나?라는 생각도 잠시 스쳐 지나간다. 인정한다. 가끔 아이들에게 사랑을 확인받을 때면 아이들에게 최선을 다하고 있다는 내 숙명의 완수를 확인하며 마음이 충만함이 가득 찬다.

화지 한가운데 아이들이 어렸을 때 모습을 담았다. 먹지에 대고 아이들의 모습을 따라 그렸다. 목탄은 폭신폭신하고 진함과 파스텔의 부드러움이 있다. 그 느낌이 요즘 너무 좋다. 미술 입시 준비 시절 아주 진하게 표현해야 하는 부분을 망설이며 흐리멍덩하게 표현하는 것이 나의 과제였다. 입시 그림을 그릴 때 분명한 선과 분명한 명함이 필요할 때 지우개로 깨끗하게 지워 깔끔하게 표현하는 것이 나에겐 너무 어려웠다. 조금은 모호하게 표현되는 것이 나에게 안정감을 주었다. 하지만 최근 목탄을 사용하기 시작하며 선명함이 주는 명쾌함이 속을 뻥 뚫리게 해 주었다. 과감해지는 걸 느끼며 다시 한번 목탄에 손이 갔다. 그 폭신함의 목탄은 사랑의 감정과도 연결이 되었다.

제대로 앉아 있지도 못하는 동생을 지지하며 미소 짓는 첫째아이, 다소 무표정으로 비스킷을 물고 있는 돌도 되지 않은 둘째 아이, 아이들의 사진을 가만히 쳐다보고 있으니 그냥 미소 짓게 된다.

나는 그들에게 사랑을 준다. 서로의 존재를 확인하기 위해….
지금 나와 함께하고 있는 존재들이 사랑이다. 잊혀진 사랑은 추억이다. 나의 엄마, 아빠도 사랑으로 나를 키웠으리라. 아이를 낳고 엄마가 된 나는 조금은 이해할 수 있음에 감사한다.

사랑을 주는 아이들(2022)
도화지에 목탄. 45cm×30cm

사랑=존재, 안정감, 헌신, 희생, 소명, 자식에 대한 가치를 두고 있다.

"때때로 네게 들려오는 모든 말들이 미움에 가득 찬 말들
이겠지만, 세상에는 상상하는 것보다 훨씬 더 많은 사랑이
있어."

『소년과 두더지와 여우와 말』찰리 맥커시 글, 그림 중

우리가 '너구리보살'과 나누었던 이야기

"사랑의 감정이 이끄는 곳은 왠지 근원으로 간다라는 느낌이 들어요.
우리가 그림을 그리려는 대상도 그렇고, 고르는 매체도 그렇고, 표현하
는 방식도 그렇고요. 우리 엄마, 아빠 시대의 아련한 흑백 사진 같은 느
낌이 들어요.

그래서 나중에 나이가 더 들고 시간이 지나면 이때가 더 아련하고
추억의 한 장면처럼 그리워질 것 같은… 너무 그리운 시절이 될 것 같
아요."

"엄마로서 가질 수 있는 큰 행복이고 사랑이잖아요. 엄마들은 늘 마
음속에 품고 있겠구나! 라는 생각이 들어서 우리 엄마가 보고 싶네요."

"지난주에 저의 고래가 생각났어요. 그 헌신과 희생조차도 아깝지 않

은 그런 느낌이 사랑일까? 라는 생각을 했어요. 그 대상이 나에게 있어서 지금 아이들이지 않을까?

이렇게 버티는 것도 아이들이 있으니까 버티는 게 아닐까? 얼마나 감사하고 다행인가 생각했어요."

"서로의 존재를 확인시켜 주고 서로의 존재의 의미를 만들어 주는 것이 사랑이라는 생각이 들었어요."

내가 나에게…

10대, 20대의 남자친구들과의 사랑…을 떠올려 봐도 그것은 가벼운 설렘이나 아니면 약간 열정이란 감정들로 다가왔다. 나에게 진정한 사랑은 되게 묵직하게 존재하는 것이었다. 그래서 그림을 그리는 내내 과거의 사랑은 떠오르지 않았나 보다.

유독 나는 헌신, 희생, 책임감에 가치를 두고 사랑을 대하고 있는 듯하다. 우리 부모님이 나를 키우셨을 때 그랬을까?

10대, 20대, 30대, 40대의 사랑은 다른 모습이었다. 나에게 다가올 50대, 60대, 70대의 사랑은 어떤 모습일까?

당신은 '너구리보살'에게 해 주고 싶은 말이 있나요?

_____

_____

_____

_____

'별별요정'이 들려주는 사랑 그림 이야기

어린 시절의 내 사랑은 엄마를 향한 짝사랑 같다.

친구에게 받은 자두 한 알을 고이 가져와 엄마에게 건네며 엄마가 좋아할까 두근두근 바라보던, 좋은 성적표를 엄마에게 내밀며 잘했다며 웃어 주기를 바라던, 엄마의 사랑을 받고 싶던 어린아이의 해바라기 같은 사랑이다.

엄마가 되고 보니 나만의 짝사랑이 아닌 표현이 서툰 엄마의 사랑이 있었다.

10대의 사랑은 환상 속의 사랑이었다. 잘생긴 가수, 멋진 역을 소화하던 배우들에 대한 동경, 상상 속에서만 내 사람이었던 백일몽이었다.

20대의 사랑은 모든 감정이 다 들어가 있는 비빔밥이었다.

그로 인해 기뻤다가 신났다가 화났다가 슬펐다가 분노했다가 흐뭇했다가 초조했다가 불안했다가 행복했다가 전율이 흘렀다가 흥분했다가…. 다 표현할 수 없는 다양한 감정들이 그 사랑 안에 있었다.

20대의 사랑은 삶을 감정의 롤러코스터 안에 빠지게 했다.

30대의 사랑은 아이를 향해 있었다.

아이의 작은 웃음이 즐거웠다. 그 웃음을 지켜 주기 위해서 혼란했던 나를 제대로 알아야 했다. 이 시기의 나는 사춘기마냥 어찌할 수 없는 내 감정의 소용돌이에 빠져 있었다. 20대의 사랑이 그로 인한 감정의 롤러코스터였다면 30대의 사랑은 나 자신으로 인한 감정의 롤러코스터를 겪었다.

40대 요즘의 내 사랑은 편안하고 여유롭다. 때로는 그 마음이 너무 편해서 못 느낄 때도 있지만 지금의 나는 늘 사랑 속에 머무르고 있는 거 같다.

편안하고 안정되고 여유로운 내가 되고 보니 너가, 우리가, 그들이 함께한다는 것이 저절로 느껴졌다.

〈그림 1〉 빛(2022)
지류에 수채화. 19cm×19cm

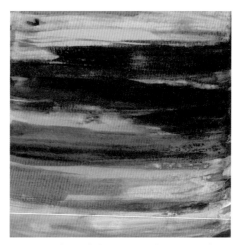

〈그림 2〉 사랑은 모든 감정이다(2022)
지류에 수채물감. 19cm×19cm

내 사랑은 함께 '좋은 게 좋은 걸'로 살고 싶다.

나의 안녕이 너의 안녕이길 바란다.

사랑 글을 쓰고 보니 내 작품이 더 선명하게 다가왔다.

종이 위에 물감을 쭉쭉 짜서 스퀴즈로 쓱 밀어 그 안에 저절로 섞인 물감들을 바라보니 20, 30대의 내 사랑 같았다.

모든 물감이 섞이듯 내 감정이 섞였던 그때가 녹아 있었다.

어쩌면 사랑 안에 모든 감정들이 다 들어 있었나 보다.

우리가 '별별요정'과 나누었던 이야기

"노란색으로 표현된 작품과 여러 가지 다양한 색으로 표현된 작품이 색을 통해 사랑을 표현하는 방식 같기도 하고, 삶의 파노라마 같기도 하고, 자기 자신이 색이 되어 나타난 거 같기도 하다."

"작품 안에서 하트를 발견했다."

때때마다 만나는 사랑이 달랐다. 그 시절에 만나야 할 사랑을 잘 만났고, 앞으로 있을 사랑과도 잘 만나고 싶다.

사랑 안에 숨어 있던 여러 가지 감정들이 이제는 하나하나 보인다. 나뿐만 아닌 모두가 그 사랑 안에 숨겨진 감정들을 만났으면 좋겠다.

당신은 '별별요정'에게 해 주고 싶은 말이 있나요?

'돌삐'가 들려주는 사랑 그림 이야기

사랑이란 뭘까?

나는 진정한 사랑을 해 보았나?

이 질문에 명확한 답을 할 수 있을지 의문이다.

자식 된 도리로 부모를 공경하고 효도의 의무를 다하는 것, 형제·자매는 끊을 수 없는 인연으로 여기고 남달리 아끼는 것, 수많은 사람 중남편을 알아보고 선택했으니 깊이 신뢰하고 결혼 생활을 유지하는 것, 하늘이 내려 준 나의 분신이란 생각으로 자식이라면 뭐든 줘도 아깝지 않은 것, 그 모든 행위와 생각들이 사랑이라 짐작할 뿐이다. 나의 사랑은 가족에 머물러 있다.

그러다 어느 순간 내 마음을 알아주지 않는 가족의 모습에 서운함과섭섭함을 느끼면서 그들의 사랑을 의심할 때도 있다.

사랑에는 책임이 따른다는 생각에 함부로 '사랑한다'라는 말을 쓰지 않았었다. '사랑한다'라는 말을 내뱉기 부끄러웠고, 낯간지러웠다. 심오한 감정을 쉽게 내뱉는 것 같아 사랑의 무게를 가볍게 하기 싫어 꺼린 것도 맞다. 사랑이란 감정과 표현은 그렇게 가슴 속 깊이 묻어 둔 감정인 것이다.

그 무거운 책임을 다하려니 내게 사랑은 아리고, 쓰리고, 아픈 감정이다. 사랑은 나를 버리게 하는 감정이다. 사랑은 나의 희생이 아깝지 않은 감정이다. 내가 나다움을 버려서라도 사랑하는 대상이 원하는 것을 주려는 것이다. 주저 없이 나를 버리고 사랑을 지켜 내려 하면 할수록 더 옭아매는 올가미 같아 숨통을 조여 오니 아리고, 쓰리고, 아프다.

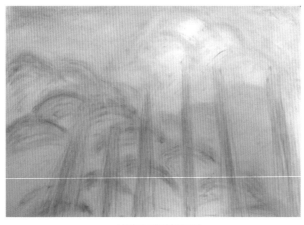

사랑과 같다(2022)
16절 스케치북, 파스텔, 오일파스텔. 21cm×28.8cm

또한 내게 사랑은 찬란하다. 오래된 추억과 기억으로 사랑은 내 몸 곳곳에 새겨진다. 새겨진 사랑은 내 존재 이유를 찾게 하며, 앞으로 살아갈 힘을 준다.

사랑이라는 감정을 마주하고 있자니, 그 양면성에 배신감이 든다. 어쩌면 그렇게 사람의 마음을 갈기갈기 찢어 놨다가도, 세상의 모든 것을 얻은 것처럼 행복하게 만드는지. 마치 인간이 얼마나 잘 이겨 내는지 지켜보는 그리스·로마 신들처럼 짓궂은 면이 있다.

과연 나는 내 사랑을 잘 지켜 내고 있는지, 잘 보살피고 있는지, 나의 집착과 오만과 편견으로 오염시켜 다른 빛으로 물들이고 있는 것은 아닌가 하는 생각이 든다.

처음에는 야속하고 이중적인 '사랑'을 표현하려고 그림을 그린 뒤 갈가리 찢은 모습을 표현하려 했다. 그러나 작업에 손이 가지 않았다. 작업을 차일피일 미루다 어느 날, 비 갠 하늘을 우연히 보게 되었다. 구름 사이로 환한 빛줄기가 쏟아져 내려오는 모습이 숭고하고 따뜻한 기분을 들게 했다. 그 빛줄기에서 사랑이 떠올랐다.

노랑과 파랑 파스텔로 환하게 빛나는 하늘을 그린 뒤, 오일파스텔 덩어리가 생기지 않게 문지르듯 구름을 그렸다. 구름 사이로 쏟아져 내려오는 빛을 표현하고 싶어 노랑, 파랑, 하얀 오일파스텔로 직선을 그었다. 분명 내려오는 빛을 그리고 싶었는데, 다 그리고 나니 땅에서 하늘로 솟아오르는 빛처럼 보인다. 내려오는 빛이 아닌 솟아오르는 빛이다. 자연의 이치를 거스르고 땅에서 솟아오르는 빛처럼 나의 사랑은 자연스럽지 않은 면이 있는 걸까? 내 사랑이 순수한 사랑이 맞는지 생각해 보라는 뜻처럼 느껴졌다.

사랑은 분명 있다는 것을 알고 있지만, 실체는 없는 것이 빛과 구름을 닮았다. 실체가 없는 허상의 감정이라 오염되기 쉽고, 변질하기 쉽다. 그래서 이 그림이 내게 말을 건네 온다. 땅에서 솟아오르는 빛이 무엇을 의미하는지 찾아보라고.

우리가 '돌삐'와 나누었던 이야기

"6줄기의 계곡물이 위에서 시원하게 내려온다는 느낌을 받았다. 밑에서 올라간다는 느낌은 받지 못했다. 흰색이 구름처럼 느껴지지 않고, 높은 계곡의 바위 같은 느낌을 받았다. 시원한 계곡물이지만, 안개가 자욱해서 의외로 따뜻한 느낌의 계곡이다. 신선이 머무르는 몽환적인 계곡 같다. 사랑이 실체가 없듯, 우리가 가보지 않은 신선이 사는 곳처럼 표현했다고 느꼈다."

"그림이 중국 드라마나 신선이 사는 신비롭고 환상적인 느낌이 든다. 그림 속 빛은 미지의 세계에 나오는 신비한 감정이고, 그 신비한 감정을 사랑으로 바라보는 있는 것은 아닐까 하는 생각이 든다. 사랑은 환상이다. 내가 가진 환상대로 사랑이라고 착각할 때가 많고, 그 착각이 진짜 사랑으로 실현될 때도 있지 않을까?"

"사랑하면 떠오르는 일반적인 색상이 아닌 파랑, 노랑, 하양, 초록이 나와서 색상에서 엄마 느낌이 느껴진다. 땅에서의 사랑이 더 크고 힘이 있어서 하늘을 뚫고 올라가는 빛줄기 같다. 빛줄기의 색상과 하늘의 색과 같아서 빛이 하늘에 닿는 것 같다."

"사랑을 헌신이나 어떤 행위에 대한 명분을 사랑처럼 느끼고 있는 것은 아닌가? 학습된 사랑에서 벗어나면 사랑은 다양한 감정과 한데 섞여 구분하기 어려운 감정이다. 더 깊이 들여다보면 사랑은 실체도 감정도 없다고 느껴진다. 그런데 사람들은 왜 사랑을 찾나? 생존의 필수적 수단이 감정이라 볼 때 여러 감정 중에서 인간을 불쌍하게 여겨지지 않고 가치 있게 만드는 것이 사랑이기에 가장 우선하여 찾는 감정이라 생각된다."

"구름을 같이 표현한 것이 신기했다. 구름이 양털같이 포근하고 따뜻한 느낌이었다. 구름이 '기쁨' 감정 편의 '돌뻬' 그림 〈운명〉의 황금물결처럼 느껴져 그림 너머에 바다가 있을 것 같이 그림이 이어진다."

"그림 속 사랑은 슬프고, 착잡하고, 눈물이 날 것 같은 느낌이다. 생존하기 위해 사랑을 갈구할 수밖에 없는 생체적 본능이 DNA에 반영된 듯하다."

내가 나에게…

사랑은 실체가 없다. 사랑뿐이랴~ 감정 중에 실체가 있는 것은 없다.

실체가 없는 감정임에도 우리는 그 감정에 울고, 웃고, 가지려 애쓴다.

사랑을 헌신과 명분으로 느끼고 있다는 말에 뜨끔했다. 그러니 나의 사랑은 책임감에 무거워 허덕이고 있었다.

인간에게 생존은 감정 우위에 있음을 누구도 반문하지 않을 것이다. 그런데도 나를 버려 사랑하는 존재를 위해 희생하는 것이 아깝지 않은 이유는 사랑이란 감정으로 나의 존재 가치를 높이려는 것이 아닐까? 단순히 생존만을 위한 삶이 아닌 가치 있는 존재로 사는 삶을 지향하기에 사랑은 그 어떤 감정보다 고귀하다.

사랑이 양면성을 가진 것이 아니라 인간이 이중성을 가진 것이다. 그래서 진정한 사랑은 자신의 존재를 가치 있게 하는 것에 있다. 바로 나 자신을 사랑할 수 있느냐부터 사랑은 시작된다. 결국에 나를 사랑하는 것부터 진정한 사랑이다.

지금 자신을 사랑하고 있나요?

당신은 '돌삐'에게 해 주고 싶은 말이 있나요?

_____

_____

_____

_____

'소피아'가 들려주는 사랑 그림 이야기

내 안에는 언제부터 생겨난 것인지 모를 뱀 한 마리가 살고 있다. 무언가를 찾아 꿈틀거리고 채워지지 않는 허기로 이리저리 몸부림치는 뱀 한 마리가 늘 내 안에 존재했다. 나이가 들어 감에 따라 이 뱀이 찾아 헤매는 것이 사랑이었으며, 원초적인 욕구의 충족이라는 것을 알게 되었다.

완전하고 꽉 채워지는 온전한 사랑, 욕구의 충족을 위해 내 안의 뱀은 여러 가지 색깔의 감정 조각들을 경험하고 유혹하는 기술들을 개발시켰다.

어떤 사랑은 마음에 깊이 박혀 몸의 일부가 되기도 하고, 어떤 사랑은 흩어진 꽃잎처럼 사라지고, 어떤 사랑은 깊은 상처를 남기기도 하였다. 허기진 채 여러 종류의 바닥을 기어 다니며 사랑을 찾던 내 안의 뱀은 뱀이라는 존재를 탈피하여 오직 온전한 사랑의 꽃으로만 피어나고 싶었다.

그렇게 새로운 존재가 되고 싶었던 뱀의 징그러운 몸부림이 언제부

나의 사랑 나의 꽃뱀(2022)

도화지에 수채화 물감. 30cm×21cm

터인가 춤으로 보였다. 허기진 공간은 여전히 보이는데, 어느샌가 뱀의 비늘에서 향기가 나기 시작했다. 아마도 내가 내 안의 뱀을 안아 주기 시작하면서부터 혐오스럽기만 했던 나의 뱀이 나만의 꽃뱀이 되었던 것 같다.

감히 꺼내 보일 수 없었던 혐오와 수치스러움으로 싸여졌던 나의 뱀이 나로 인해 수용되고, 존중받는 사랑을 경험했을 때 나의 뱀은 춤을 추기 시작했다.

내 안의 꽃뱀을 수용하고 존중하면서부터 시작된 항해에 사랑은 동력과 쉼을 주기도 하고 인간이라는 존재에 대한 성찰을 돕기도 한다. 때로는 여기서 발견한 자유가 오랜 시간 동안 나를 얽어매었던 감정의 억압을 푸는 열쇠가 되어, 나를 사랑하는 아름다움의 바다를 바라보게도 한다.

나를 사랑하는 것에서부터 시작된 사랑이 인생의 항해를 좀 더 아름답게 만들기 시작했고 누군가를 사랑할 수 있는 길을 열어 주기도 한 것 같다.

사랑이 거부당했다는 느낌이 들 때 내 안의 뱀은 독을 품은 독사로 변하기도 하지만 그럼에도 불구하고 이 뱀을 품어주었을 때 독기는 흩어지고 꽃잎으로 날린다.

우리가 '소피아'와 나누었던 이야기

소피아로 상징되었던 뱀을 우리에겐 아름답게 보였고 파란 꽃잎에 눌려 있었던 상처와 아픔도 그림을 통해 발견할 수 있었다.

우리는 그림 안에 무의식적으로 새겨 넣었던 소피아의 감정들을 보듣어 주고 질문해 주고 이야기할 수 있는 장을 만들어 주었다. 우리는 소피아에게 사랑이었다.

내가 나에게…

이번에는 어떤 허물을 벗고 어떻게 태어날까….

당신은 '소피아'에게 해 주고 싶은 말이 있나요?

어떤 행성의 이야기가 나의 이야기와 닮아 있나요?
떠오른 기억이나 느껴지는 감정이 있나요?

2장

6개 행성 우리 모두 '사랑, 그림으로 연결되다

그중에 제일은 사랑이어라

일곱 가지의 감정을 따라 마지막으로 온 곳은 사랑이었다. 마지막과 헤어짐을 아쉬워하는 그녀들의 마음들과, 그동안 함께해 온 두터운 신뢰를 통해 이번 집단화는 특별하게 각자의 개인 작업을 모아 큰 사랑으로 표현되었다.

다 함께 그려 낸 작품들이 모아져 있는 모습을 보니, 문득 전 세계인들이 '사랑해'라고 열렬히 고백한 프랑스 사랑해 벽 같은 모습 같기도 하다.

611개의 남색 타일에 250개의 사랑해라는 언어로 가득한 벽. '사랑'이라는 단어 하나만으로 벅차오르게 하는 말. 그녀들이 사랑으로 채워본 16장의 그림. 우리가 고백한 사랑의 표현은 어떤 것일까?

파리, 사랑해 벽, Le Mur des Je t'aime

"사랑은 모든 색깔과 형태를 담아내고 어떤 것이라도 받아들인다. 우리 안에 존재했던 다양한 경험과 그 안에서 느낀 수많은 감정들이 사랑이라는 감정 안에 모두 담겨져 있는 듯하다. 그렇게 7개의 감정은 사랑의 품 안에서 쉼을 쉬는 듯했다."

매체로 느껴지는 사랑

부드러운 매체가 주는 느낌은 곧 사랑을 만지는 듯하다.

"과슈의 부드러운 질감은 우리의 마음을 이완시키기에 더할 나위 없이 좋았다, 손끝의 질감이 우리의 마음을 사랑하게 만들어 내고, 풍요

사랑(2022)
수채과슈, 8절 도화지, 스퀴지 등. 157.2cm×148.1cm

룹게 만들어 낸다.”

"불투명하지만 색감이 선명한 과슈가 여러 가지 감정을 내포한 진한 사랑을 그대로 나타내어 주었고, 과슈의 질감을 덜어 낸 가볍고 연한 빛깔은 내가 표현하고 싶었던 사랑에는 적절하지 않았다. 시원하게 짜 낸 과슈의 묵직하고 두툼했던 느낌이 딱 좋았다.”

"수채과슈의 부드러움과 풍족함이 여유로운 마음마저 들게 한다.”

"과감하게 수채과슈를 쭉 짜서 손으로 슥슥 문지르는가 하면, 스퀴지로 여러 색의 과슈를 쓸어내리고, 율동을 하듯 종이 위에서 팔을 움직이는 모습들이 다양한 우리들의 삶과 같았다. 그리고 종이에 펼쳐지는 색감들이 어찌나 조화롭고 아름다운지."

다채로운 색으로 느껴지는 사랑

다양한 색깔처럼 저마다의 다채로움으로 빛이 나 결국은 하나로 연결된다.

"밝고 경쾌한 색들이 보기만 해도 기분이 좋아진다."

"어떤 색이 있던 조화로움을 이뤄 낸 것처럼 그 안에는 사계절, 12달, 바다, 하늘, 산, 들이 우리의 이야기와 함께 담겨 있다."

"사랑하는 마음을 미움으로 화로 짜증으로 불안 등으로 느끼고 표현하기도 한다. 그런 마음들이 색감으로 각자의 표현들로 나타난 것 같다. 그 모두가 사랑이었다."

"편안함과 신비함이 공존하는 보라 그리고 초록빛 작품들 앞에 서 있자니 사르르 녹아내린 마음이 온화하게 그리고 은은하게 퍼져 간다."

"개인 작업을 하며 초록과 노란색의 과슈를 섞어 백붓으로 세로로 쭉 쭉 내렸다. 속이 시원해진다. 색이 주는 안정감과 편안함이 느껴졌다."

기록되는 사랑

결국 우리는 하나로 이어지는 사랑의 노래를 그리고 있었다.

"사랑의 감정에 도달하자 서로의 사랑을 존중하듯 각자의 사랑을 그려 보자는 의견이 나왔다. 자연스럽게 개별 도화지를 펼쳐 들고 자기만의 작품에 몰입했다. 그 개별성을 서로가 인정하고 지지하듯 같은 공간에서 서로 다르게 자신만의 사랑을 표현했다. 그렇게 우리는 사랑이라는 감정 안에서 하나가 되었다."

"개인 작업을 하면서 내 것에 몰두되어 다른 이들의 작업은 보지 못했지만 우리가 모여 배치하는 그 순간도 작업이라는 생각이 들었고, 그 과정 또한 사랑이 넘쳐흘렀다."

"함께 작업하고 있는 동료들이 제3의 손이 되어 주고, 눈빛으로 대화로 지지를 해 주어 시간이 가면 갈수록 더 힘이 나고 새로운 아이디어가 떠올랐다. 각자의 작품을 모아 보니 크리스마스 선물 상자를 잔뜩 쌓은 것 같아 마음이 사랑으로 가득 찼다. 캐럴이 귓가에 맴돈다! We wish you a merry christmas! We wish the world full of love!"

"혼자일 때는 몰랐던 아름다움이 함께 어울려진 작품들 속에서 보이고, 함께할 수 있었던 시간은 사랑이 있었기에 가능했던 것이 아니었을까."

Self 감정 표현 미술치료

'2부'에서는 'self 감정 표현 미술치료'를 할 수 있도록 '시작하며', 'ART WORK', '나의 작품을 마주하며', '정리하며'의 과정으로 구성하였습니다.

일곱 개 감정을 작업하실 때 '시작하며'와 '나의 작품을 마주하며', '정리하며'는 동일한 방법으로 하면 됩니다. 그 방법은 'WORKBOOK 활용 설명서'를 참고하면 됩니다.

'★' 부분에 일곱 가지 감정을 순서대로 대입하시면 됩니다. 또는 오늘 느낀 나의 감정, 요즘 나의 주된 감정을 넣어서 응용할 수도 있습니다.

'ART WORK'에는 각 감정별로 다양한 미술치료 기법들이 설명 되어 있습니다. 각 감정에 해당하는 'ART WORK' 과정을 천천히 따라 하면 됩니다. 또는 'ART WORK' 하나의 기법을 선택해서 일곱 가지의 감정을 같은 방법으로 작업을 해도 좋습니다.

 'self 감정 표현 미술치료'를 하기 전 '시작하며, ART WORK, 정리하며' 작업 과정들을 천천히 읽어 본 후 동영상을 돌리듯 이미지화해 보길 바랍니다. ART WORK 작업을 끝낸 후 '정리하며'를 깊게 몰입하며 일상으로 편안하게 돌아오길 바랍니다.

 처음에는 이런 과정이 어색하고 서툴겠지만 연습을 통해 점차 익숙해질 수 있습니다.

기본 준비물

① 채색 매체- 연필, 볼펜, 색연필, 사인펜, 네임펜, 형광펜, 마카, 크레파스, 물감, 파스텔, 오일파스텔, 목탄, 콩테, 파스넷, 붓펜, 먹, 비아르쿠(수성흑연) 등
② 입체 작품을 만들 수 있는 매체- 찰흙, 지점토, 아이클레이, 폼클레이, 천사점토, 테라코타, 유토, 옹기토 등
③ 종이류- 재질이 다른 도화지들, 색지, 캔버스, 신문지, 화선지, 잡지 등
③ 식(食)재료- 곡류(쌀, 콩, 조, 보리 등), 김, 스파게티 면, 국수 면, 라면, 커피, 차, 밀가루 등

④ 내 눈에 보이는 모든 것들- 산책길에 주운 돌, 흙, 나뭇잎, 꽃, 솔
   방울, 나뭇가지, 풀, 조개껍질, 빈 생수통, 계란 박스, 과자나 라면
   봉지, 포장용 박스, 종이봉투, 면봉, 이쑤시개, 나무젓가락, 숟가
   락, 분무기, 색조 화장품, 낡은 옷, 손수건, 털실, 리본, 끈 등
⑤ 기타 - 풀, 물풀, 목공풀, 글루건, 다양한 테이프, 바닥 깔개용 큰
   비닐이나 신문 같은 것, 물통, 조각도, 다양한 호수의 붓 등

주변의 모든 것들은 미술 매체가 될 수 있습니다.

시작하며…

편안한 장소에서 사용할 재료를 가지고 준비해 주세요.

지그시 눈을 감고 천천히 깊게 서너 번 호흡합니다.

지금부터 '★'와 관련된 기억이나 느낌을 떠올려 볼 겁니다. '★'을 느
꼈던 순간을 회상해 봅니다. 회상되는 기억이 없다면 상상해 보세요.

① 최근에 '★'의 감정을 가장 강하게 느낀 적이 있나요?
② 그때 나는 어떤 생각을 했나요?
③ 그때 나는 어떤 행동을 했나요?

④ 그때 나는 어떤 감각을 느꼈나요?

그때를 떠올리며 지금의 오감을 느껴 봅니다. 피부로 느껴지는 촉감, 눈으로 볼 수 있는 색과 형태, 코로 맡을 수 있는 냄새, 귀로 들을 수 있는 소리, 혀로 느껴지는 맛, 주변의 흐름들을 상기해 봅니다.

① '★' 감정을 느낄 때 당신은 어떤 색이 가장 먼저 떠오르나요?
② 어떤 색이 가장 눈에 띄나요?
③ 내 눈앞에 있는 어떤 재료가 가장 눈에 들어오나요?
④ 어떤 무늬, 이미지가 떠오르나요?
⑤ 떠오르는 무늬, 이미지가 없다면 손이 가는 대로 해 보세요.

ART WORK

각 장마다 설명되어 있습니다.

나의 작품을 마주하며…

① 새롭게 떠오른 기억이 있나요?
② 작품 활동을 하며 내 오감은 어떻게 느꼈나요?
③ 나의 감정은 어땠나요?

④ 특별히 이 재료와 색을 선택한 이유가 있나요?

⑤ 작품에서 가장 마음에 드는 부분이 있나요? 어떤 부분인가요? 그 부분의 어떤 점이 마음에 드나요?

⑥ 작품에서 조금 아쉬운 부분이 있나요? 그 부분을 보면 어떤 생각이 들고, 어떤 감정이 느껴지나요?

⑦ 지금이라도 좀 더 보태고 싶거나 변화를 주고 싶은 부분이 있나요?

⑧ 작품을 보며 내가 나에게 해 주고 싶은 이야기가 있다면 들려주세요.

정리하며…

눈을 감고 평소보다 조금 더 천천히 그리고 깊게 호흡합니다.

내가 느끼기에 가장 편안한 장소, 안전한 사람, 사랑스런 동물, 행복했던 상황들을 떠올리며 호흡합니다.

만약 잘 떠오르지 않는다면 상상을 해도 좋습니다.

오감으로 충분히 느끼며 호흡을 3분 정도 더 한 뒤 마치겠습니다.

어떤 감정들은 이미지가 '딱!' 하고 떠오르기도 하고, 또 어떤 감정들은 아무리 생각하고 고심해도 '모르겠다.' 하실 수도 있습니다. 느끼고 생각한 대로 표현이 안 되어 답답하고 속상하고 내 작품을 버리고 싶기도 할 겁니다. 또 어떤 작업은 만족할 수도 있습니다.

모두 괜찮습니다. 우리도 그랬으니까요.

지금 여기에서 오롯이 내 안의 감정을 떠올리고 느끼고, 그 느낌을 알아차리고 시도했다는 것이 중요합니다. 그것으로 이미 작품 활동은 시작되었고, 당신안의 창조성이 작업으로 이어질 겁니다.

내가 원하는 대로 재료를 선택하고, 내가 그리고 싶은 대로 그립니다. 나만의 공간에서 나만의 방식으로 작품이 이루어집니다. 작품은 당신 것이고 당신입니다. 작품 활동을 하며 느낄 수 있는 여러 감정을 꼭 기록해 보세요. 온전한 내가 되어 감정을 느끼실 수 있을 거예요. 일기를 쓰듯 꾸준히 지속하길 바랍니다. 이미지가 당신을 찾아올 겁니다. 응원합니다.

1장

첫 번째 표현할 감정 '화, 마주하기

'화' 감정을 마주하는 시간

준비물

손으로 주무를 수 있는 것은 뭐든지 됩니다.

찰흙, 옹기토, 지점토, 천사 점토, 고밀도 점토, 아이클레이, 밀가루 반죽 등 무엇이든 환영합니다! 다양한 재료는 더 환영입니다!

그리고 제일 중요한 것~.
충분한 시간과 조용한 공간을 준비해 주세요!

화야! 나랑 한판 뜨자!

복장은 편하신가요? 화와 싸울 준비가 되셨나요?

장갑을 끼고 싶으신가요? 그래도 좋습니다. 하지만 오늘만은 맨손을 권해 봅니다. 발도 좋습니다.

미술은 가장 안전하게 화를 분출할 수 있는 장르입니다. 마음껏! 있는 힘껏! 힘이 다 빠질 때까지! 주무르고, 문지르고, 두드리고, 던지고, 부수고, 파괴하세요!

화야! 넌 누구니?

손에 힘이 빠지시나요?

이게 뭐 하는 건가 회의가 오시나요?

치울 것이 걱정되시나요?

어이없는 이 상황에서 지금 떠오는 것이 무엇입니까?

어떤 모습이든 상관없으니 형상을 만들어 보세요.

어차피 치워야 하니 최대한 놀아 봅시다!

화야! 너를 어떻게 할까?

만들어진 형상이 무엇으로(어떻게) 보이세요?

형상을 보며 든 생각이 있으신가요?

생각을 말해 보세요. 크던 작던 목소리를 내어 말로 해 보세요.

형상을 어떻게 하고 싶으세요? 원하는 대로 해 보세요. 쓰레기통에 버려도 좋고, 발로 뭉개도 좋고, 조각조각 내어도 좋습니다. 물에 불려서 존재조차 없어지게 만들어도 좋습니다.

화야! 너에게 보내는 편지

지금 감정은 어떠신가요?

처음과 지금은 어떻게 변했나요?

나의 화에게 편지를 써 볼까요?

화가 나에게 하고 싶은 말이 무엇인지~.

화야! 네 뒤에 숨은 감정을 보여 줘

지금도 화가 나시나요?

화 감정 뒤에 숨어 있는 또 다른 감정이 보이시나요?

그 감정은 무엇인가요?

2장

두 번째 표현할 감정 '슬픔' 마주하기

'슬픔' 감정을 마주하는 시간

슬픔과 직면하기

① 언제부터 슬픔을 느끼셨나요?

② 최근(4주 이내)인가요? 더 오래되었나요?

③ 구체적인 사건이 있었나요?

④ 어떤 말(상황)이 슬펐나요?

슬픔과 이야기해 보기

① 슬픔은 어떤 색일까요?

② 색과 연상되는 이미지가 있나요? 모두 말해 보세요.

③ 색을 바라본 뒤 떠오르는 느낌을 말해 보세요.

④ 슬픔 마음과 함께 떠오르는 이미지가 있나요?

⑤ 슬픔에 빠진 나는 어떻게 하고 있나요? 이미지를 상상해 볼까요?

위의 질문을 스스로에게 하며 슬픔 마음을 나에게 편지로 써 보세요. 그리고 물감으로 표현해 보세요.

3장

세 번째 표현할 감정 '공포, 마주하기

'공포' 감정을 마주하는 시간

준비물

진한 연필, 목탄, 콩테, 비아르쿠, 물감, 마카, 오일파스텔, 크레파스를 권하고 싶어요. 그렇지만 어떤 재료든 좋습니다. 여러분 안의 창조성이 어떤 매체든 활용할 수 있는 힘을 줄 거예요.

ART WORK

두 가지 방법을 알려 드리려고 합니다. 당신이 하고 싶은 대로 자유롭게 선택하시면 됩니다.

01. 당신의 공포는 어떻게 느껴졌나요? 무엇이었나요?

뒷장에 첨부된 '공포' 집단화의 장면에 당신이 느낀 공포를 덧대어 봅니다. 하나의 색이든 여러 가지 색이든 좋습니다. 눈을 감고 느꼈던 생생한 기억과 감정들을 선, 면, 형태 등 자유롭게 표현해 봅니다. 제7의 멤버가 되어 우리와 함께 공포를 나누어 보아요.

이미지가 떠오르지 않는다면 예시 글을 참고하셔서 시도해 보시기 바랍니다. 같은 재료, 같은 방식으로도 본인만의 독특한 작업이 될 것입니다. 어느 날 문득 자신만의 작품이 완성되어 있을 거예요.

예시)

① 두껍게 칠해진 크레파스 위로 이쑤시개, 나무젓가락, 송곳, 못 등으로 피부가 느꼈을 찌르는 듯 피부의 공포를 표현해 보았어요.

② 나를 꽉 누를 거 같은 숨 막히는 공기의 흐름을 종이를 구겨서 실로 칭칭 동여맸어요.

③ 모든 소리가 멈춘 듯 쫙 가라앉은 그 순간을 새까만 목탄으로 하얀 종이를 까맣게 칠했어요.

④ 나의 온몸에 느껴졌던 감각을 나의 신체를 그려 구석구석 색으로 나타냈어요.

4장

네 번째 표현할 감정 '불안', 마주하기

'불안' 감정을 마주하는 시간

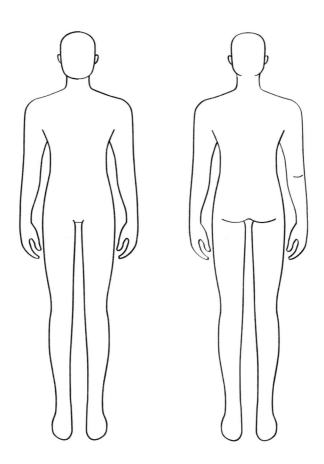

신체상

준비물

물감, 색연필, 사인펜, 연필, 크레파스 등 다양한 매체.

ART WORK

① 눈을 감고 내가 가장 불안감을 느끼는 상황을 떠올립니다.

② 나의 신체 중 어느 부분이 가장 먼저 반응을 하는지 살펴봅니다.

③ 머리가 지끈거리는지, 심장 박동이 빨라지는지, 입술을 뜯고 있는지, 눈을 깜박거리며 미간을 찌푸리는지, 다리를 떨고 있는지 등…. 불안할 때 습관적으로 나타나는 나의 행동을 발견합니다.

④ 발견했다면 불안감을 닮은 색깔을 선택하고 신체상으로 제시된 그림 위에 불안감을 느낄 때 반응하는 나의 신체 부분에 색을 입힙니다.

⑤ 색을 입힐 때, 손가락으로 두드려 보거나 뾰족한 물체로 긁어내는 등의 다양한 방법으로 시도해 봅니다.

⑥ 완성된 신체상을 심호흡하며 바라봅니다.

위의 방법들이 어렵게 느껴진다면 저희들이 작업한 집단화 작업을 따라해 보아도 괜찮습니다.

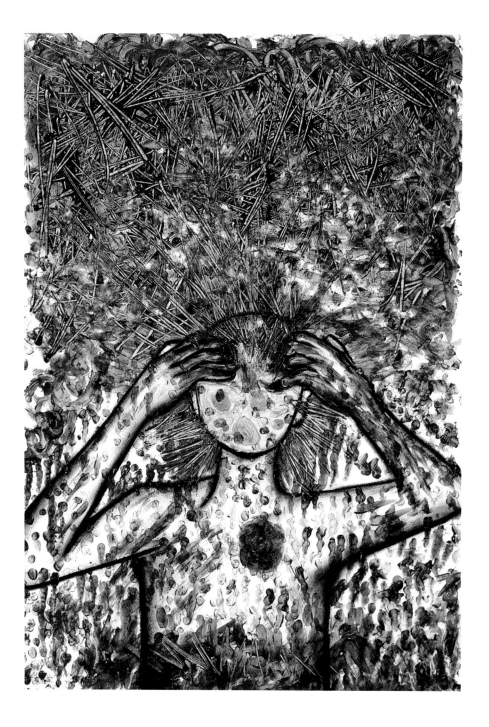

5장

다섯 번째 표현할 감정 '우울', 마주하기

'우울' 감정을 마주하는 시간

'우울' 집단화 따라 그리기

준비물

종이를 적실 충분한 물, 편안하고 안전한 장소, 종이(내 마음에 드는 어떤 종류든 오케이), 물감(수채, 아크릴, 먹물), 붓(손, 발도 가능함).

ART WORK

① 지금 현재 당신 감정의 온도는 어떠한가요?

② 느껴지는 감정의 온도에 맞는 물을 준비하고, 그 속에 종이를 적셔 봅시다. (종이는 마음대로 준비해 주시면 됩니다)

③ 너무 종이가 얇아 물에 풀어져 버린다면, 그대로 고요히 그 모습을 지켜보는 것도 좋을 거 같습니다. 물의 잔잔한 움직임 속에서 종이가 함께 그려 내는 그림에 비춰지는 내 마음의 우울을 마주합니다.

④ 다행히 종이가 물을 충분히 머금은 상태로 그 모양을 유지하고 있다면 나의 '우울'을 꺼내어 마주할 편안한 장소로 이동할까요?(종이가 너무 얇아 물속에서 흩어져 버렸다면, 다시 다른 종이를 준

비하서서 스프레이로 물을 종이에 분사한 뒤, 작업하셔도 됩니다)

⑤ 종이를 옮기면서 물을 흠뻑 머금은 종이의 이전(물기를 머금기 전)과는 다른 무게에 집중해 봅니다. 쨍하고 맑았던 종이는 가벼웠지만, 물기를 머금어 조금은 무거워진 종이는 '우울'한 상태에 있는 존재입니다.

⑥ 자, 이제 종이에 '우울'한 나를 표현해 볼까요?

⑦ 수채물감, 먹물, 아크릴 물감 등을 붓끝이나 손가락, 발가락 등에 묻혀 종이 위에 살짝 찍으며 감정을 옮기듯 표현하세요. 느껴지는 것들을 그림으로 그려도 좋고, 글로 써서도 좋습니다. 자신의 우울을 마주하도록 합니다.

⑧ 작업이 다 된 후에는 제목을 붙여 볼까요?

⑨ 천천히 자신의 작품을 들여다봅니다. 어디가 가장 눈길을 끌고 강렬한 느낌이 드나요? 어떤 이유로 그런지 탐색해 봅시다.

⑩ 오늘 마주한 나의 '우울'이 지금 내게 어떤 의미이고, 삶에 어떤 장면에서 나타났다가 어떨 때 사라지는지 생각해 볼까요?

⑪ 자, 이제 '우울'과의 시간은 여기까지입니다. 편안하고 온전한 일상으로 돌아가도록 합시다.

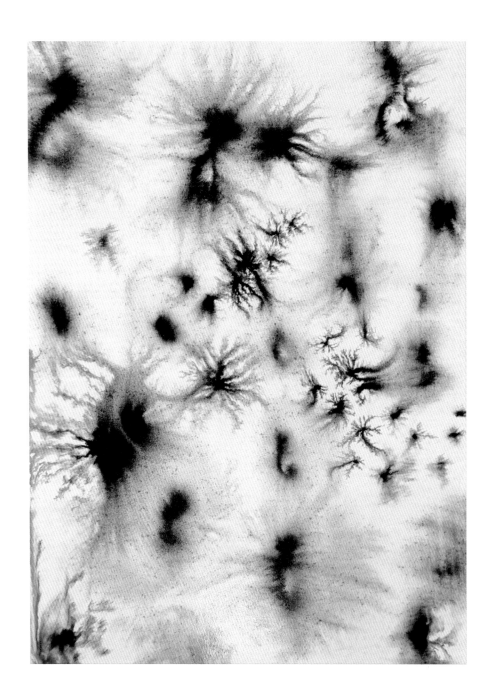

6장

여섯 번째 표현할 감정 '기쁨, 마주하기

'기쁨' 감정을 마주하는 시간

간단히 외출 준비를 하서서 산책을 떠날 거예요. 밖에 나가서 자연물을 바라보는 것만으로도 기쁨 에너지를 충만하게 받으실 수 있습니다. 우리 집 주변에 산책로에는 어떤 자연물이 있는지 나가 볼까요? 예쁜 야생화, 들꽃, 싱그러운 풀들, 마른 낙엽, 솔방울, 밤, 도토리, 까슬까슬 토끼풀, 행복을 주는 세잎 클로버 등 기쁨을 표현하기 위해 다양한 재료를 준비해 보세요.

자연물을 가져와 가정에서 작업하서도 좋고, 잔디가 깔린 공원에서, 선선한 공기가 좋은 산도 좋습니다.

ART WORK

내가 삶을 살면서 가장 기뻤던 일은 언젠가요? 기쁨이라는 단어가 잘 와닿지 않는다면 기쁨과 관련된 단어를 보며 상기시켜 보세요.

감격, 감동, 감사함, 고마움, 든든함, 뭉클함, 반가움, 벅참, 뿌듯함, 포근함, 행복, 환상적, 보호받는, 상냥함, 순수함, 자신 있는, 안정됨, 사랑스러운, 자랑스러운, 다정한, 믿을만한, 기분 좋음, 명랑함, 밝음, 당당함, 즐거움, 편안함, 홀가분함.

단어 하나하나를 보며 떠오르는 기억이 있나요?

그 기억을 동영상으로 재생해 보겠습니다.

어떤 풍경이었는지, 어떤 소리가 들렸는지, 어떤 냄새가 났는지, 어떤 촉감이 느껴지는지, 오감을 어떻게 표현하면 좋을지 이미지를 떠올려 봅니다. 마음에 드는 자연물을 가지고 와서 화지 위에 올려 봅니다.

떠오르는 이미지가 없다면 원하는 색을 골라서 핑거페인팅을 해 봅니다. 나에게 느껴지는 감각을 자유롭게 따라가 보세요.

7장

일곱 번째 표현할 감정 '사랑, 마주하기

'사랑' 감정을 마주하는 시간

사랑 만다라

사랑이라는 감정은 추상적이기도 하고 복합적입니다. 부모님에게 느끼는 사랑, 연인에게 느끼는 사랑, 친구에게 느끼는 사랑. 혹은 나의 꿈, 여행을 하며 느낀 감정, 일을 하며 느껴지는 성취감 등을 사랑이라고 느끼는 사람도 있을 것입니다. 이토록 사랑은 여러 가지 감정을 긍정적으로 평가하는 복합체입니다. 오늘의 활동을 통해, 스스로가 가장 중요하게 생각하는 사랑 하나를 표현해도 좋고, 혹은 여러 가지 사랑하는 대상이나 대상물들을 표현해도 좋습니다.

준비물

여러 가지 그리기 도구(색연필, 마커, 크레파스 등등).

방법

① 원의 중심에 본인이 느끼는 사랑의 대상을 표현합니다.
② 안쪽의 원과 바깥쪽 원 사이를 색으로 표현하거나, 그림으로 표현합니다. (정해져 있는 방식은 없습니다. 자유롭게 표현해 봅니다)

③ 표현한 만다라에 사랑의 감정을 느끼게 된 환경이나 이유, 혹은 고마움 등을 적어 봅니다.

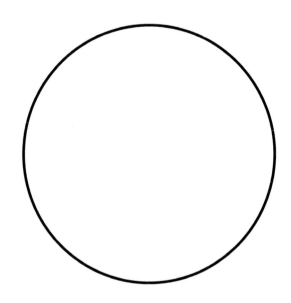

내가 느끼는 사랑을 표현하는 만다라

제목: _____

날짜: _____

느낌

01. 원 안에 표현된 이미지(당신에게 긍정적으로 다가온 감정, 대상, 색깔, 이미지)를 통해 무엇을 경험했나요?

....

....

....

....

....

....

02. 표현을 통해 당신 안에 쌓인 사랑을 표현해 보세요.

....

....

....

....

....

....

우리 ART로 연결되다

ⓒ 성미애 · 윤윤정 · 이가나 · 조영진 · 최효경 · 황혜경, 2023

초판 1쇄 발행 2023년 10월 4일

지은이   성미애 · 윤윤정 · 이가나 · 조영진 · 최효경 · 황혜경
펴낸이   이기봉
편집   좋은땅 편집팀
펴낸곳   도서출판 좋은땅
주소   서울특별시 마포구 양화로12길 26 지월드빌딩 (서교동 395-7)
전화   02)374-8616~7
팩스   02)374-8614
이메일   gworldbook@naver.com
홈페이지   www.g-world.co.kr

ISBN   979-11-388-2357-9 (03180)